Raging Against Cages

From Pain to Peace

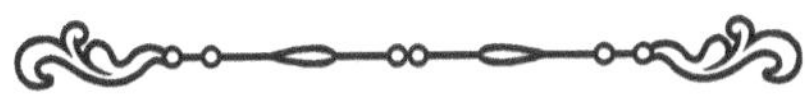

Coraje en contra de las barreras

Del dolor a la paz

PALOMA KRITAS

NEWMAN SPRINGS PUBLISHING
Meadville, PA

First originally published by Newman Springs Publishing 2025

ISBN 978-1-63692-191-4 (Paperback)
ISBN 978-1-63692-192-1 (Digital)

Printed in the United States of America

I would like to dedicate this poetry to my mother, who sat next to me at my hospital bed on too many occasions, and to my husband, who made sure I stayed alive to tell my story as best as possible. My inspiration for every good action I carry out are my children in the personal and professional sense. My patients will also have answers to questions they could not ask me in treatment and understand how I knew their pain so well.

Contents

Foreword

This poetry work was first conceived as an emotionally transformative vehicle for the purpose of catharsis after a long period of traumatic events in my life. This is the poetic coming-of-age story of a woman of color. After experiencing several life-changing events that stemmed from long-standing family issues, in addition to the daily struggles of economic survival after Hurricane Sandy took my family's home, I decided to describe the trauma, anger, hatred, and struggles I overcame in order to keep my family together. Some of the pieces were written for family members, and the transformative pieces describe the pain being experienced at various traumatic times in my life. My inspiration was leaving a legacy for my children in the form of poetry to help them bear witness to their mother's struggles.

Each section builds on the next, the titles of the pieces showing my emotional evolution from the first insistent poem, "Can I get a Witness?" building toward "Love Like Air," and the tranquility of this ending piece. The first poem beckons the readers to engage and affirm that they will be reading about someone's real life, not a fictional character living in today's world. Without mentioning specific names, the reader who identifies with my work will substitute the names of the perpetrators in their lives who may have treated them the same way. Through the process of identification, the survivor of trauma joins me on my journey and of expressing the fire within so that one does not explode from suppressing the trauma inside.

As you, the reader, begin to walk through these pages with me, I encourage you to leave the world behind and engage your attention. Stay open to interpretation; before you know my personal story in the epilogue, try to imagine these experiences and feelings in your own imagination. In order to protect my family, there are no specific names mentioned. Although I am not at the end of my journey, this is a formal attempt to document my experience for my family and to support other women in resolving emotional obstacles. This is a semibiographical work. I use poetic license to enhance feelings in order to create intimate visual scenes. It is more important to me that my feelings are described as clearly as possible using words to create powerful visual images. In effect, your bearing witness to my experiences as a survivor is more important to me than giving a factual account of the events in my life. Many times, during traumatic moments in childhood, there are no other witnesses to see what happens behind closed doors.

In concluding this brief series of poems, I wanted to thank the reader for spending time on this journey of a thousand steps with me. It is a deeply personal work, and many nights of tears moved me toward creating this account. I wanted to document my inner observations and share them with readers who may identify and see themselves living through events in their lives like the ones I describe in the book. I hope this process can assure another woman or survivor of abusive situations and structural racism that there are better days ahead. Seek support, seek self-help, and other therapeutic means of alleviating the pain. Make plans for better days. As survivors, hope is our key to open doors to the future. Learn from the challenges you are living, and savor your victories for yourself and your family. I am glad to be at peace with my past and live in gratitude for being presented with consistent challenges motivating me to grow, rebuild, and reinvent myself.

Section I

Sección I

The Me of We

Yo Soy la Mi de Nos

The Journey of a Thousand Steps Starts with the First Step

La Jornada de mil pasos comienza con el primer paso

Can I Get a Witness?

I need you
To see me
Giving birth
To my Self
Out of the top
Of my head
Into the end
Of this pen

¿Se puede pedir un testigo?

Necesito
Que me mires
Dando luz
A mi ser
De mi frente
Sale mi ser
Cabe en la punta
De este lápiz

Abuelo, I'm Going to Be a Writer

Si, Mija, I will be so proud
Abuelo, I will make you proud
Maybe it will make your days in the fields
The eight children that left,
The one that did not go
Going insane with the pain of loss,
Worth it

Abuelo, I had a hard life
But I made it
We survived beyond
What we ever thought possible

The only thing I can leave you,
You said to my mother,
Is an education
And holy strength in your soul, prayers

To tolerate
Humiliations,
Poverty,
Battery,
Surgeries
And put yourself back together again

No one can take the strength in your soul
You carry the torch,
Which,
Like Liberty
Like Love
Like Freedom
Like Knowledge

Like Dignity,
Can never be ripped out of your heart
Courage, Mija

Once you have these intangibles
Estos intocables

They are always your treasures forever, Mija

Abuelo, yo seré una escritora

Si, Mija, estaré tan orgulloso
Abuelo, te voy a hacer muy orgulloso
Tal vez se te hacen los días en el campo
Los siete hijos que se fueron
La que no se fue
Enloquecida con el sufrimiento de la pérdida
Valemos tus dolores y sufrimientos.

Abuelo, tuve una vida dura
Pero logré éxito
Sobreviví
Más de lo que hubiese soñado
Más de lo que hubiese pensado posible.

Lo único que te puedo dejar
Le dijiste a mi mama es
Una educación y
Sagrada Fortaleza
En tu alma, oraciones.

Para tolerar las humillaciones
Pobreza

Golpes
Y cirugías para curarme otra vez.

Nadie puede robar la fuerza de tu espíritu
Tu llevas una llama
La Libertad
El Amor
El Conocimiento
La Dignidad
Nunca se te puede arrancar del corazón
Coraje, Mija con tu llama
Sostén alto tu puño.

Siempre y cuando tengas estos valores intocables
Serán siempre tus tesoros, Mija.

I Am the Me of We

Woman, you are
Your own…person
Personhood implies
Your right to exist
There is enough room
For all of us
Brown, Black, Yellow, and Red

You being you
Doesn't take away
From anyone else
Except the One
That wants to take
All the will, power, and might
Of everyone else
To feed and
Empower itself

We all need
A we for a home
A we, a me, and an us
For a real home
A real home for the human race
We need each other to embrace
Our collective now

Without our we
We are in hell
So, my love,
We will burn
Without each other

Together, we will paradise
Or we will hell together
You choose

I took this ride
For you
Heaven or hell
I'm burning for you

Yo soy la "Mi" de "Nos"

Mujer tú eres
Tu propia persona
Ser persona implica
Que tú tienes derecho a existir
Hay suficiente cupo
Para todos
Moreno, Negro, Amarillo, y Rojo
Tú, siendo, tú
No le quitas
Nada a nadie
Menos a Él
Que le quita
Todo a los demás
El Poder, la voluntad y el mando
De todos los demás
Para alimentarse y
Para apoderarse más y más.

Todos necesitamos
Un nosotros, un auténtico hogar
Un nosotros, un mí, un nos
Para un hogar real
Un hogar verdadero

Un hogar para la raza humana
Necesitamos acogernos
La colectiva de hoy, necesitamos
Los unos de los otros.

Sin el nosotros
Estamos en el infierno
En fin, mi amor
Nos quemamos
El uno sin el otro.

Juntos, disfrutamos el paraíso
O vamos al infierno
Juntos
Tu escoges.

Me fui de viaje
Contigo
Al Infierno o al paraíso
Me estoy quemando por ti.

Righting Wrongs

If I learned to write
With all my might
I might write right

To write about those men
The ones with the rights
That rob me of mine

Writing the birthing
Second birth of the Self
Birthing myself
Not flowery but…
Creating poetic paper children
Living forever in lyrical verse

Having given birth to children
Experiencing the bloody ordeal
Then fully realizing my Self
Birthing poetry as offspring
Giving life to a new mother poet

Creating a poetic Self
In a backward inward motion
After my human children
The poetess was born
Out of the wreckage
Of my body

Pushing paper children, out of me
Pushing the life out of me
As these children push
Into the world

Out of my pen
Laboring into the life force
Push…
Push…
Pushing   out…beings   and   tender   creatures…cooing…peering
hungrily
At their mother,
Si, hijo soy tu madre, mientras estoy viva nunca sabrás lo que es ver-
dadera hambre. (Yes, my child, I am your mother. While I am alive,
you will never know true hunger.)

These verses and words
Become my beloved paper children
The words flow out of me
As if to say:
I am here, I live
These words *life* themselves
Through the top of my head
Into the end of my pen
You don't belong to those men
Who took our right to be alive

You are mine
We belong to each other, Mijo

Men judged my words to be worthless
Thoughts on page
Not flattering to them
Those men
I accepted the judgment
Of my words and verse
We're not worthy of birthright

Was it garbage born of a woman's hand
Her story to be pondered
With its own strength

Wielding the power of the word sword
What are you afraid of, my word sword?
Striking with your eyes of knives

Father, brother, judge
Through the bruised eyes
Of a battered soul beaten into submission
I see my SOS would never be writ right
By you or yours

Part II

A leg up was all I needed to climb the mountain
Brother, stop stepping on my hands

Searching for footholds, handles, handholds
My writing instrument became
My rock climber's pickax to scale the rock face
As my scraped and bloody-knuckled
Hands caress the stone
Sinking into the cracks for a lifeline
To climb up to the next boulder ahead

Men needed my body
To explode with life for them
Birth and labor for them
Yet I yearned to be beyond
My physical body
Longing for the creation
Of my Selfhood

These words are my paper children
Children I made for my Self
Like babies, my words babble
Stumble
The words fall on the page

Getting up like toddlers
Teeter-tottering
Bouncing on tender legs
Giggling a gummy grin
Arms lifted to be embraced

I embrace my self
As much as my paper children

My words will be seeds I plant
Placed at the tip of my word-sword pen
Planted deep in the fertile ground
Of the tender mind
To feed Mother Earth

I will live through my words
Words will live for me.

Corrigiendo Malos Actos

Si aprendo a escribir
Con todo mi empeño
Puedo ser escritora

De esos hombres
Los hombres con los derechos
Que me roban de los míos

Escribiendo de mi nacimiento
El segundo nacimiento del Ser
Nacimiento del ser
Dando luz a mí misma
Sin flores pero
Creando niños de papel

Niños poéticos
Viviendo para siempre
Sobreviviendo para siempre
En el papel

Haber dado luz a hijos
Haber tenido la sangrienta experiencia
Y después realizando mi ser
Dando luz a la poesía
Como hijos
Dando vida a
La nueva madre poeta

Creando un ser poético
En un movimiento al revés por dentro
Después de mis hijos humanos
Nació la poeta
Fuera del naufragio
De mi cuerpo

Empujando los pequeños poemas
Laborando sus vidas fuera de mi
Tal como estos niños
Se empeñan a empujarse libres
De mi mente y cuerpo
Salen de mi lápiz
Entrando respaldados
Por la fuerza de mil espíritus

Empuja…Empuja…Fuerte…

Al fin entran al mundo
Criaturas tiernas, arrullando, mirando con boquitas hambrientas,
esperando sus madres

A sus madres,
Si, hijo, soy tu madre, mientras estoy viva nunca sabrás lo que es
verdadera hambre.

Estos versos y palabras
Serán mis queridos hijos

Las palabras salen de mi
Como decir
Aquí estoy
Vivo, aquí vivo
Estas palabras se dan vida
Fuera de mi pequeño cerebro
Entrando a la punta de este lápiz
Tu no le perteneces a esos hombres
Que se robaron tu derecho de ser
Que te robaron tu derecho a la vida

Tú eres mío
Pertenecemos el uno al otro
Hijo mío, pequeño poema infantil

Hombres, juzgaron mis palabras sin valor
Apenas pensamientos en una página
Sin reconocimientos, ni elogios
Acepté la sentencia
Sobre mi verso y mis palabras
Que no merecen derecho de ser

Basura saliendo de la cabeza de una mujer
Este cuento será considerado
Con su propia fuerza
Dando mano a la espada de las palabras
¿Que temen, mi espada de palabras?
¿Con ojos de cuchillos?
Cuchillos encontrando su marco

Padre, hermano, juez
Mirando desde aquí con ojos maltratados
Almas maltratadas aceptando la sumisión
Del S.O.S. que nunca será escrito correctamente
Ni para ti, ni para los tuyos

Parte II

Una ayudita apenas necesitaba para escalar la montaña,
Hermano, deja de pisar mis manos
Buscando piedras para apoyarme, manillas
Mi instrumento de escritura se volvió mi herramienta
Los nudillos de mi mano rasguñados y sangrientos
Mis manos acarician la piedra
Buscando desesperadamente una piedra fuerte que me sostenga
Para llegar a escalar la próxima montaña
Que está en frente, adelante

Los hombres necesitaban mi cuerpo
Que explotará con vida para ellos
Dar a luz con vida para ellos
Añoraba ir más allá
De mi cuerpo físico
Deseando más de la creación
Para mi ser, mi identidad

Estas palabras son mis hijos de papel
Niños que salieron de mi ser de mujer
Como bebés, mis palabras babean
Tropiezan
Estas palabras caen sobre la página
Se levantan como un bebé
Tambalean
Brincando en piernitas tiernas
Sonriendo con dientitos apenas
Riendo con una sonrisa de encillas
Bracitos elevados esperando un abrazo

Yo me abrazo a mí misma tanto como a mis hijos de papel

Mis palabras serán las semillas que siembro
Puestas al final de mi lápiz
Mi espada de palabras
Sembradas hondamente en la tierra fértil
De la tierna mente
Para darle cosecha a la madre tierra

Viviré por mis palabras
Mis palabras vivirán por mí.

When My Daughter Asks...

"Mama, how did you cheat death?"
Death could not stand the pain of my loss
"Death showed shame, Mija"
Of you,
He gave me an IOU
He said, I'll catch you next time
You give up
Guess what?
I never gave up
The wails were eternal
Death paid me with life

The driving engine behind
Scaling up the rockface
Climbing over the rocks and boulders
A daughter who would
Make my world
Become real in technicolor

When all is said and done
The people we love
Travel with us
To the next place
We are always with those we love—the ones we love make us who we are
Because we are one

Mi Cielito, Mija
Death and God gave me a pass
Alas, Death just wanted to see me suffer
God wanted me to save more souls
The life purpose in being
Your Mother was my rocket fuel

Knowing my life was not mine
Lived in the service of others
Acceptance was simple and fast
No matter my suffering
Or that my flesh was weak
My will to love
Became like iron,
Unbreakable

If I am beautiful,
It is because I love
If I am good,
It is because I love
If I am worthy,
It is because I love
All there is in the end
Is the love you have for others
Whom did you love today?

Cuando mi hija me pregunte

¿Mamá como engañaste a la muerte?
La muerte no suportaba mis llantos
La muerte demostró vergüenza
De ti
Me dio un "Hasta la próxima"
Te agarro la próxima vez que
te des por vencida
Fíjate, que no me di por vencida
Nunca vencida, venceré.

Los llantos eran eternos
La muerte me pagó con vida
El motor detrás
De escalar la montaña

Escalando sobre las piedras y montañas
Una hija que
Pintara mi mundo
Verdaderamente en tecnicolor.

En fin
Las personas que amamos
Viajan con nosotros
Al próximo mundo
Nuestros seres queridos nos hacen quienes somos
Nosotros siempre estamos
con nuestros seres queridos.

Mi cielito, Mija
La muerte y Dios me dieron un pase
Bueno, la muerte solo me quería ver sufrir
Dios quería que salvara más almas
Ser madre era mi gasolina
Mi razón de ser.

Sabiendo que mi vida no era mía
Una vida hecha en servicio de los demás
Aceptación fue fácil y ligera
No importaba mi sufrimiento
Mi cuerpo era débil
Ser tu mamá era mi gasolina.

Si yo soy bella, es porque
Yo amo
Si yo soy buena es porque
Yo amo
Si yo valgo algo es porque
Yo amo.

Todo lo que hay al final
Es el amor que le tienes a los demás
¿A quién haz querido hoy? Mi Vida.

Considering

As I muse
I lose

In my musings
I choose

Here we are for now
And then what?

Where do we go from here?
The shocked silence is deafening

The stamp of approval is given
To the lowest of the low

The shocked silence speaks

Considerando

Cuando estoy meditando
Pierdo.

En mis meditaciones
Estoy escogiendo.

Aquí por ahora
¿Y después qué?

¿A dónde vamos de aquí?
El silencio asusta y ensordece.

La estampilla de aprobación se da
Al menos de los peores.

Espantado grita el silencio.

Whole-Heart Love

My hearts walk outside of my body
The two sets of eyes blink at me
Two sets of long eyelashes
Two sets of big brown eyes
Peering at me like the
Voice of my Conscience

My children at birth
Transformed my everything
When they hit the planet Earth
The Earth revolved around them
Forever after

There was nothing without
My children
A reflection of everything
Good ever to be
Or ever was

I was alive
Every fiber
Superhuman
No sleep
Barely human
But fueled by love and the life force

It does not make sense
No one pays you for this
If you're doing the job right
It's a force of nature
Life replicating life
Through another
Human soul

Can you put a price on legacy?
It's been done
There is no money value to attach
You can try
Only true love
Begets true love

A Woman's Life,
A Latina Life,
A Mayan Life,
Translates into many deaths
Births and future lives

The dead do not want
The new lives enslaved
If the life force allows life
It demands an equal playing field
For friend or foe

Stop stealing and preying on
Children
The blood of the innocent
Will haunt and curse this world
When you least expect it
At your most vulnerable moment

You will need our children
For blood itself
Do not be arrogant
Since you are well now and self-serving
It will not be always be this way
Selfish, arrogant people

This world will need our young
To walk for you
To feed you

To work for you
When privilege blinds your young
As you were blinded in your youth

Do not turn your back on the vulnerable
Or they will turn their back on you
When you need them the most

Amor de todo corazón

Mis dos corazones caminan fuera de mi cuerpo
Dos pares de pestañas me parpadean
Con dos grandes ojitos cafecitos
Mirándome como la voz de mi conciencia.

Mis hijos al nacer
Transformaron mi todo
Cuando llegaron al planeta
La tierra gira alrededor de ellos
Para ahora y para siempre.

No había nada sin
mis hijos
Una reflexión de todo
Todo lo bueno que es
Y lo que jamás será.

Yo estaba viva
Cada fibra
Super humana
Sin dormir
Inhumana
Acelerada por la fuerza del amor
y la fuerza de la vida.

No hace sentido
Nadie te paga por esto
Si estás haciendo el trabajo correctamente
Es la fuerza de la naturaleza
La vida multiplicándose
Por medio de otra
Alma humana.

Le pueden poner un precio al legado
Se ha hecho
No hay valor monetario que se le atribuya
Ud. puede tratar pero
Solo el amor verdadero
Crea más amor.

La vida de una mujer
La vida de una Latina
La vida Maya
Se transmutan a muchas muertes
Nacimientos y futuras vidas.

Los muertos no quieren
Las vidas nuevas esclavizadas
Si el espíritu de la vida permite vida
Exige una cancha igual
Para amigo o enemigo.

Pare de robar y cazar a los
Niños
La sangre de los inocentes te
Persiguiera y desatara maldiciones
Cuando menos lo esperas
Y cuando estas en tu punto más vulnerable.

Tú necesitas a nuestros hijos
Para la sangre en si

No seas creído
Como estas bien ahora y egoísta
No siempre será así
Gente egoísta y arrogante.

Este mundo necesita nuestra gente joven
Para caminar por ti
Para darte de comer
Para trabajar por ti
Cuando el privilegio
Ciega nuestros jóvenes
Como tú te cegaste.

No le des la espalda a los vulnerables
O te darán la espalda a ti
Cuando los necesites más.

I Hear the Cries of My Children

The voices of my children thunder loudly in my ears
Shattering the peace

The future will not be withheld

I hear the cries of my children
They will not be misled

I hear the cries of my children
The elders are all dead

I hear the cries of my children
We will not be bled

I hear the cries of my children
The future in their eyes

I hear the cries of my children
We are all responsible

Or we are not

Yo oigo los llantos de mis hijos

Las voces de mis hijos truenan en mis oídos
Estrellando la paz.

El futuro no será detenido.

Escucho los llantos de mis hijos
No serán mal dirigidos.

Escucho los llantos de mis hijos
Los mayores están muertos.

Escucho los llantos de mis hijos
El futuro en sus ojos.

Escucho los llantos de mis hijos
Todos somos responsables.

O no seremos.

My Son, My Daughter

When we had you

The love we felt was
So fulfilling and amazing
Nothing could ever compare
To our love for each other
And for you both

As you will know
Every day of your lives
You were born of love
Every day of your lives
We loved you as much as we could
Within our humble means

Your celebrations were our victories, too
I never heard this from my parents
Making these words that much more significant
My parents never had the means we have

We both love you so much it hurts
This part of parenthood is good for you
Believe it or not
Since the small hurts help you appreciate the
Big awesome events!

Take the sweet with the salty, my loves

Mi Hijo, Mi Hija

Cuando te tuvimos
Nosotros sabíamos que
Estábamos sacrificando
Más de nuestras vidas
Que ya habíamos sacrificado.

El amor que sentíamos era tan
Completo y maravilloso
Que nada se podía comparar
Con el amor que sentimos
El uno por el otro
Y por cada uno de Uds.

Como ya sabrán
Cada uno de sus días
Que Uds. nacieron de amor
Cada uno de sus días
Que Uds. fueron queridos tanto como
Pudimos dentro de nuestras humildes
Maneras de vivir.

Tus celebraciones son nuestras victorias también
Yo nunca escuche estas palabras de mis padres
Esto cuenta más por eso mismo
Mis padres no tenían lo material en sus vidas.

Nosotros dos los queremos
Tanto que nos duele
Esta parte de la crianza
No es bueno para ti
Créelo o no
Que a veces las
Lastimas pequeñas

Ayuda para
Apreciar las cosas
Grandes y asombrosas.

Toma lo bueno con lo malo, mi amor.

Playas and Beaches

Las Playas—players love!?
Can't get enough
Of those players

Playas can share
Rainbows in the sky
Warm waters
Sunsets and sunrises

Playas also share
And share and share
Until the grains
Of the sands of time
Catch up

How many times
Can one person
Make the same mistake?

As many times
As there are grains of sand
Until you are the sand

Stepped on
Because no one loves you

You never loved anyone
Including the eight children
Who knows how many wives

Playas and Beaches

From the sand you came
To the sand you will return

If you never love anyone
You miss the whole meaning and purpose
Game over, playas
Good Luck with the Disease
You are spreading

Egotistical, Selfish, Narcissist,
You had a home
Corrupting love
Stealing homes
Making more homes
Abandoning all of us

Seeking the dominatrix of discontent

Playas y Playeros

Los Playeros jugadores juegan
Quiero más de esos jugadores
Juegan jugadores.

Playas pueden compartir
Arco iris en el cielo
Aguas cálidas
Albas y puestas del sol.

Playas también comparten
Y comparten y comparten
Hasta que los granos de

Tiempo
Alcancen el ahora.

¿Cuántas veces
puede la misma persona
cometer el mismo error?
Tanto como hay granos de arena.

Pisado
Porque nadie te quiere.

Tú nunca amaste nadie
Incluyendo los 8 hijos
¿Quién sabe cuántas mujeres, esposas?

Playas y Playeros.

De la playa has salido
A la playa regresarás un día.

Si tú nunca quieres a nadie
Pierdes todo sentido de lo importante
No captas lo más importante.

Se acabó el juego, playas
Buena suerte con la enfermedad
Contaminando a los demás.

Egoísta, interesado, narciso.

Tu tenías un hogar
Dañando el amor
Robando hogares
Haciendo hijos sin padres y botando hogares
Abandonándonos todos
Creando la dominatriz de la desgracia.

I Owe You, Really, De Verdad

Where were you?
When the sting of the chains
Left marks
Imprinted on my skin

Your privilege blinds you
To everyone else's
To all others' experiences
Only the privileged matters

You, chained to your house
Chained to your dollars
Unearned privilege
Choke on the fat
As you swallow it
In your malls

No one is saving you now
Dig your own grave
As you dug it for all others
As they died innocent
Children in cages
For your
Roman viewing spectacle

Mayans were massacred
Again, my blood boils
Raging Against Cages
But again we will rise
Like the phoenix
Or Chavez's Aztec eagle

Yo te debo. ¿De verdad?

¿Dónde estabas?
Cuando me picaron las cadenas
Me dejaron marcas
Imprimidas en mi piel.

Tu privilegio te ciega
A los privilegios de los demás
A las experiencias de todos los demás
Porque solo los privilegiados te valen.

Nosotros valemos
Tú, atado a tus casas
Atado a tus dólares
Disfrutando privilegios no merecidos
Si te tragas la grasa
Cuando la tragas
En los centros de comercio.

Nadie te está salvando ahora
Cuando excaven la tumba
De tu prójimo
Se murieron inocentes
Niños enjaulados
Para formar tu espectáculo.

Matanza Maya
Otra vez, me hace hervir la sangre
Como un ave, Fénix
Renace de nuevo.
O el águila Azteca de Chavez

Witness to My Pain

See my pain
I am not a pawn
Witness its strength

It does not crush me

Accountability

Witness my pain
So I am not
Entitled to the
Dignity of the observation
Of my pain

The pain chiseled
My sharp edges and grooves
The valleys of my Spirit
Are sealed in pain

Let me see your eyeballs
While you eyeball
Up and down
The molecular openings
The images in my pores

I deserve
Because I am
…I am worthy
Of your observation

I am not
A pile of dead cells

I have humanity

Testigo a mi dolor

Observé mi dolor
Yo no soy un siervo
Sea testigo
A la fuerza de mi dolor.

No me subyuga.

Responsabilidad.

Sé testigo
Pero dices que no
Valgo la pena de la observación
La dignidad de la observación
De mi dolor.

El dolor talla
Todos mis puntos agudos y ranuras
Los valles de mi espíritu
Sellados en dolor.

Déjame ver tus pupilas
Mientras tú me echas ojo
De arriba para abajo
Las aperturas moleculares
Las imágenes en tus poros.

Yo merezco
Porque soy
Yo valgo la pena
De las observaciones
De Ud.

Yo no soy
Un montón de células muertas.

Tengo humanidad.

Why?

It was possible
The universe willed it
So it became reality

You became
You were
Pressed in metal and pain
Miraculously, you lived
The diamond

Pressed by a thousand pounds
A thousand pains
The screams no one heard
The agonies
That proclaimed
I am not dead yet

The pain that proclaimed
I am here
For my children
They will live
From my battering

If they live
A better life
My life was
Worth their life

Why is one
Life worth
More than another?

El ¿Porqué?

Era posible
Fue la voluntad
Del universo
Y se hizo posible

Tú eres un ser
Tu fuiste
Presionado en metal y dolor
Maravillosamente, sobreviviste
Un diamante

Presionado por mil libras
Mil dolores
Los gritos que nadie escuchó
Los llantos
Que proclaman
No estoy muerta todavía
El dolor que proclama
Estoy aquí para mis hijos
Ellos sobrevivirán
Yo pagué el precio
De sus vidas con mi maltrato

Si ellos llegan a tener
Una vida mejor es porque
Mi vida he pagado
Por sus vidas

¿Por qué vale más una vida?
¿Que otra?

I Promised You

Part I

After each violation
I promised I would make this right
My abused self
You that raged after each time
You that never
Let me go
We picked each other up every time
Amazing grace!

My girl
My girl with the swollen, crying eyes
My sweet innocent little flower wisp of a babe
You were so strong
Stronger than steel
Softer than rose petals

Your innocence was not
In a body part
That snarling dogs
Bit off your little body
Animals cannot steal your innocence
Grace remains in your soul
Precious one

Beauty beyond the eyes
Needs to be seen by the soul
That which is graced by the Spirit
Cannot be touched by men
Or rapists, pedophiles, or perverts

The flower of the child can be stolen
Not the heart
The heart heals
Do not close the door to love
Precious one

It will take time
Healing will take heart
You will lash out at ghosts
Of the predator
His face may be in your dreams

Extinguishing my predators on paper

Is enormously satisfying
They are dead now
One by one
Off the page

They were written out of my existence
This is the burial

Part II

You are safe now
Every day of your life
There will be no day as ominous
As that day
Or those days
When innocence was lost
When you didn't know
The world could be cruel.

Now you know
The predator you know is
Better than the one you don't know

After the damage is done
Steal that life lesson
Grow your guile
The seed of your
Steel of armor
Little Self,
Put on the armor when it's useful

The armor is always there
Ever after
You will outgrow it
Or it will strangle you loveless

Love as much as you can
Your open heart can be rebuilt
When it opens
After closing for so long
It will be a new rose
A new hope
A 4th of July firework

Your innocence regained
Your personhood restored
Your little girl's eyes
Will sparkle again
Your life renewed

Yo te lo Prometí

Parte I

Después de cada violación
Yo te prometí que
Iba corregir todo esto

Mi ser abusado
Tú que estás llena de coraje
Después de cada vez
Tú que nunca te desprendiste
Tú que nunca me dejaste caer
Nos recogimos del suelo
Cada vez
Alta gracia del espíritu.

Mi niña
Mi niña con los ojos
Rojos y llorosos
Mi niña inocente, pequeña flor de chiquilla
Tú eras la fuerte
Mas fuerte que hierro
Mas suave que pétalos.

Tu inocencia no está en una parte
De tu cuerpo
Que los perros rabiosos te puedan morder
Y quitarte un pedazo de cuero
Animales no pueden quitarte
Tu inocencia
La gracia permanece en tu alma
Preciosa niña.

Belleza más allá de los ojos
Necesita ser observada
Con los ojos del alma
Lo que es dotado por el espíritu
No se puede tocar con las manos
Ni los violadores, pedófilos o pervertidos.

La flor de una niña no se puede robar
Ni el corazón
El corazón se sana

No le cierres la puerta
Al amor
Preciosa niña.

Tomará tiempo
Para sanar hay que tener corazón
Le pegarás a los fantasmas en tus sueños
Están muertos ya
Uno por uno
Todos han caído de la página
Recortados tajantemente
Este es el funeral
Escrito para ponerle punto final
a los fantasmas.

Parte II

Estás segura niña
Todos los días de tu vida
No habrá otro día en tu vida
Como ese día
O esos días
Cuando tu inocencia se perdió
Cuando tú no sabías que el mundo
Podía ser cruel.

Ahora sabes
Quién es quién
Mejor conocer el mal
¿Qué no?
Después de que se ha hecho el mal.

Roba esa lección
Cría tu conocimiento
La semilla de tu
Escudo de armas

Pequeño ser
Póngase su escudo de armas
Cuando lo necesites.

El escudo siempre está allí
Para siempre después
Te quedará chiquito muy pronto
O te estrangula los sentimientos
Si no lo reconoces
No hay amor que valga
Ya no vas a creer en el amor.

Ama todo lo que puedas
Tu corazón abierto se reconstruye
Cuando abre
Después de cerrar por mucho tiempo
Será una nueva rosa
Una nueva esperanza
Un trueno alumbrando días de fiesta.

Tu inocencia renace
Tú serás restaurada
Tus ojitos de niña
Brillan otra vez
La vida renace.

Covering Racism and Racists

Intentional or unintentional
Same difference
Why can't I say the N-word?
Pendejo, you just shouldn't say it!
Hurt is hurt
It stings in any color

Dominance masks frailty
Bravado masks fear
Anger is simple
Vulnerability is complicated

The collective We fires me
The collective We lights me aflame
I am burnt orange, yellow, and gold
With a blue flame inside

Del Racismo y los Racistas

Intencional o no intencional
Lo mismo da
Porque no puedes decir la palabra "N"
Pendejo, eso no se dice.
Lastimar es lastimar
Y duele en todos los colores.

Dominación cubre la debilidad
El bravo esconde su miedo
El enojo es simple
Ser vulnerable es complicado.

La colectiva del "nos" me enciende
La colectiva del "nos" me prende en llamas
Yo soy anaranjado, amarillo y dorado
Con la llama azulita en el centro.

Section II

Sección II

Fireworks Spit Sparks and Spin out on the Ground

Los cohetes echan chispas y caen al piso

I Speak the Language of Sorrow and Pain

Intense
Kahlo kind of pain
Bare-knuckled
Bloody-knuckled
Climbing out of a crevasse
Kind of pain

Sorrow as deep
As a river-split canyon
Being gagged so I can't
Speak my pain into space
The rocks pound deeper
Into the abyss
Travelling beyond the flesh

If I can define it, it exists
If I give it form, it takes shape
If I can limit the boundaries
I can control it and make it mine

It is my pain
It bears my name
It will serve me
It makes me strong

Speaking sorrow and pain
There is a gain
in the kind of pain
It is kind of pain
To be the blame
To wake me up
To being alive again.

I am alive
I feel
Soldiers forget to feel pain
Soldiers don't let their enemies see
Or speak the language of sorrow and pain

It only exists if I give it a name

Hablo el lenguaje del dolor y sufrimiento

Intenso
Dolor como la de Kahlo
Puños ensangrentados
Escalando la cara de la piedra
Ese tipo de dolor.

Lastimada profundamente
Como un rio separado,
Por las piedras que le dan forma
Amordazada para que no
Hablé mi dolor al espacio
Las piedras pegan más duro
El rio termina en abismo
Viajando más allá del cuerpo.

Si lo puedo definir, existe
Si le doy forma, toma su figura
Si le doy fronteras
Yo lo controlo y lo domino.

Es mi dolor
Tiene mi nombre
Me sirve
Me pone fuerte.

Hablando del dolor y sufrimiento
Hay algo para ganar
En el tipo de dolor
Es compasivo del sufrimiento
En tomar todas las culpas
Para despertarme
A las calumnias de la vida otra vez
Y seguir completamente viva.

Yo vivo
Yo siento
Soldados se olvidan de sentir su dolor
Soldados no permiten que sus enemigos miren
Ni que hablen
El lenguaje del dolor y sufrimiento.

Solamente existe si le doy nombre.

Privilege Posse

If you steal from people
The people
By being wealthy,
By not paying taxes,
You get what you deserve

If you benefit from the freedoms
Guaranteed in this abundant land,
A land stolen from Native Americans,
The souls of the people do not disappear
The essence of the people is in the land
The land you poison will itself
Poison you and make you sick
By virtue of your own crimes against humanity
Indifference to human life
Privilege annihilates itself

The blood is in the land
The Spirit is in the land
The land knows what you have done
The moral sickness
Transforms into disease
You will poison your physical body
To cure the moral pestilence
You create
By not caring for your brother or the land
Or freedom for all
By virtue of your greed

La ganga de los privilegiados

Si le robas al pueblo
El pueblo
Por ser rico y
Sin pagar impuestos
Te mereces lo que
Te mande la mala suerte.

Si Ud. se beneficia de las libertades
Que provienen de esta abundante tierra
Las tierras robadas de los indígenas
Las almas de los indígenas no desaparecen
La esencia humana del pueblo está en las tierras bellas y abundantes
La misma tierra te envenena si abusas de ella
Por virtud de tus mismos crímenes contra la humanidad
La apatía é indolencia contra la vida humana
Privilegio en sí, se destruye
A lo largo destruye la persona también.

La sangre del pueblo está en la tierra
El espíritu está en la tierra
La tierra sabe lo que tu haz hecho
La enfermedad inmoral
Se transforma en enfermedad
Envenena tu cuerpo físico
Para curarse de la pestilencia
Que has creado
Por no atender a tu hermano o prójimo
Ni a la tierra o la abundancia
Ni libertad para todos
Por virtud de tu avaricia y gula.

Caging the Ragin'

Holding myself within
Binding myself
Clicking my own handcuffs
Choosing the ball and chain

Pick your poison
Pick the switch
Life will become
Dante's *Inferno*

The prison of the mind
Only finds freedom
By unlocking the soul

Be free
Little one
Use the cages
Keep those boxes
To cage the rage

The Rage is a room
In your mind
Not your limited anatomical Self
My beloved, sweet babe,
By the time you realize you have no limits
It's often too late, tomorrow is too late

Picture the rage room
Go there when you need it
You hold
The key to open
The door you choose

When you are done,
Sweet Child,
Close the door behind you
Lock it behind you

Do not exist
In that rage room
In time, the door
Locks behind you,
Forever,
And you exist in hell

My Sweet Dream Child,
You were born to live in the Light,
To play in the sunlight,
To revel in happiness
Feel the air and water
Rushing around your body,
In the ocean,
In the forest,
Dreaming you alive

If I love you more, my heart might burst

Enjaulando la Rabia

Aguantándome por adentro
Atándome
Echándole llave a mis propias esposas
Escogiendo la pelota y cadena.

Escoge tu veneno
Escoge el palo
Que la vida usa para golpearte
Entra *El infierno* de Dante.

La cárcel de la mente
Estrellas y barreras
Solo encuentra la libertad adentro
Con liberar el alma.

Sé libre
Pequeño
Usa las jaulas
Usa las cajas
Para enjaular el coraje.

La rabia es un cuarto
En tu mente
Pero no el cuerpo del Ser limitado
Mi Dulce amorcito
Cuando te des cuenta que no tienes limites
Ya es muy tarde, mañana, es muy tarde.

Imagínate el cuarto de la rabia
Ve allí cuando lo necesitas
Tú tienes la llave para abrir
La puerta que tu escoges.

Cuando ya te desahogues
Querido amorcito
Cierra la puerta detrás de ti
Échale llave detrás.

No vivas mucho tiempo
En ese cuarto de rabia
Con el tiempo, esa puerta
Toma llave detrás de ti
Para siempre y tu
Vives para siempre en el infierno de Dante
Mi Dulce, Querido Hijo
Tú has nacido para vivir in la luz

Para jugar en la luz del sol
Para gozar la felicidad
Sentir el aire y agua
Refrescando tu cuerpo
En el mar
En el bosque
Soñándote hasta que estés vivo.

Si te amo más, se me revienta el corazón.

Crashing, Crushing, Conquering

Completely coming apart
Crashed and crushed to pieces
For the vultures
Flushed down the toilet
I was not meant to be found

The live pieces were not meant to be found
Or find each other
The pieces of me were meant to be acidified

The neighbors watched
The caring people watched
The family members watched with thoughts and prayers

I am glad it's not me
The good people whispered
While I was picking up
The pieces of my life from the street
Again

As a brown girl, my body has been dehumanized
Apparently, my body does not feel the same pain
The yellow girl, the cinnamon girl, the off-color, not-white girl
My skin is very sensitive, I bruise easily
THAT ONE
Is she Spanish
Native American
Light-skinned African-American?
100 percent Latina Strong and Proud
She is the girl that owns herself with the daughter that owns herself.
Her mother's sacrifice gave her ownership of herself and her future.
The one that creates her own identity, the Mayan mother

Because she was stolen from her people
Everything else was raped into me
Nothing fits quite so well

I am free now to sing, play, and laugh or run and keep running

I was torn apart, and then I had to put me back together
Stronger, better, faster, wiser,
While the collective mocked, scorned, kicked, spit, and demeaned
The Brown girl.
Keep laughing.
My best achievements are still impatiently waiting for me.

The job is done, says the Colombian. The Salvadoran says your sisters still do not know you must return to the carnage.

I return to the wreckage with emotional heavy-lifting equipment
And COVID masks for sisters from other mothers.

Estrellando, machucando, venciendo

Completamente decayendo
Estrujada y desecha
Para los buitres
Botada en el inodoro
Perdida a propósito
Para que nadie me encontrara.

Los pedazos de mí que quedaron vivos de mi
Escondidos y perdidos para que nadie me encontrara
No estaban supuestos a encontrarse ellos mismos
Estaban supuestos a ser liquidados.

Los vecinos miraban…
Las personas miraban con caridad…
Familia mandaban oraciones…

Menos mal que no fui yo
Las personas buenas hablando entre ellos
Mientras yo recogía pedazos de mi vida
De la calle
Otra vez.

Siendo una nena marrón
Mi cuerpo había sido deshumanizado
Aparentemente, mi cuerpo no siente dolor como otros cuerpos
¿Serán menos humanos los cuerpos amarillos, o colores canela?

Esa
¿Es española?
¿Maya? ¿Indígena?
¿Afrocaribeña?
100% Latina y orgullosa de serlo.

Ella es la nena que es su propia dueña
Con la hija que es su propia dueña.
Los sacrificios de su mamá le otorgaron el derecho
A ser su propia persona para su hoy
Y también su mañana
La que crea su propia identidad como la madre Maya
Porque ha sido robada de su gente mestiza e indígena
Las otras partes de su identidad pasaron
Por violación o sin permiso
Nada me queda tan bien como lo Maya.

Ahora estoy libre para cantar, jugar, o reír
Correr y seguir corriendo
Me destrozaron y tuve que curarme otra vez
Más fuerte, mejor, más lista, más sabia

Mientras la gente despreciaba,
burlaba, pateaba, y escupía encima
de la nena marrón
Sigan burlándose y riéndose de Uds.
Mis mejores éxitos
Me esperan impaciente en el futuro.

Trap Trip

Your things do not own you
You own things

Your things creep up on you
By the time you know it
You are trapped in consumption

Things should not own you
You are trapped by inanimate objects
Or technology
Things cannot love you back
We love each other
Back to life
Only Life's love
Love's pure grace
Can bring back a life
Love touches your humanity
Brings you back to us
Don't lose me
For the things that stand between us

Atrapado por los bienes

Tus cosas no son dueños de ti
Tú eres dueño de esas cosas.

Tus cosas lentamente se enciman de ti
Mientras no te das cuenta
Te das cuenta cuando ya estas
Consumida por lo material.

Cosas no deben adueñarse de ti
Tú estás atrapado por las cosas materiales
Ni con la tecnología
Las cosas no te pueden amar
Nosotros podemos amar.

Devolviendo a la vida
Solamente el amor da vida
La gracia pura
Puede regresar a la vida
El amor toca tu humanidad
Te regresa a la vida
No me pierdas
Por las cosas que se interponen entre nosotros.

The Journey: Dedicated to the Central American Immigrant Fleeing Persecution

Amigo
Mi Mamá left 53 years ago
We journeyed through poverty, crime, domestic violence,
Physical torture, incarceration, gangs, criminals, thieves,
Floods, cancers, more robberies, surgeries, family loss,

En fin, we lived
Casi desaparecido
Nearly erased
Made a deal
With Heaven and the Virgin Mary
To create Good, lo Bueno
Para lo Bueno, for the Good

Paisa
I was a good girl
Almost a church girl
A proud library rat
Who took her familia
Out of poverty
Straight into the corruption of luxury
And back

El Salvador
El cielito lindo, my lovely sky
Pupusas, todos los días
Pupusas every day
Tamales para los días de fiesta

Tamales for celebrations

Virgin Mother
Virgencita,
I beg you mother
Nunca dejes mi lado,
Don't leave me
Madrecita,
Little Mother

Madrecita (Little Mother)

No hay trabajo, las gangas, maras
La calle no está segura
Allá, yo sé que no hay las mismas escuelas
Yo sé que puedo vivir libre
Live free or die, Viviré libre
I will live free or die trying
That is the, tis of thee, America
Creating safe passage for free thought everywhere
Free thought existed in my America
Free thought worked, played and rollicked

Not now

Persevere
Soldier on
Day after day, step after step
One foot in front of the other

Evil is kicking up its heels right
In the us, in the *US*
Partying as it destroys the *US*, the us
If you pray for evil, it might show up
Greed and sloth
Christians need to do something Christian

Death with honor
Honors your family
Death with shame
Shames your children
Death with dishonor is true death

Butterflies of all colors
Make the journey to the North
And back to Mexico
It's cold in the North
Cold people and a cold wind

Treasuring the beauty of your people
Your land, your language, your culture
Does not mean you hate anyone else
Other people want you to hate

There is no room for hate in your
Maya, Aztec, Afro-Caribbean, and Spanish heart
The culture does not teach hate
You are obligated to accept what is
Where you live to earn your daily bread

He or she who owns your
Freedom and happiness owns you
Things can own your happiness too
Things love to own you
Things don't pay rent, you do

To hate in order to defend yourself
Or be killed by someone else's
Hate for everyone else.
Things won't protect you from hate
Things will pay tribute
To your loneliness and exile

Part II

Silly people we are
We have love in our eyes!
Used like the Spanish sword
To murder us in our sleepy innocence
While we believed in
The love in our eyes

Latin America is not huge
Because we hate;
We love large
The Spanish made certain
Equal opportunity conquista conquest
21 Spanish-speaking countries
Of all shades
Shade upon shade

Every delicious shade of Latino has a country!
Our indigenous people roots are in the Earth
The soil carries our blood
Latinos were here first and will be here last

In that moment
I could not hold you closer
Madrecita, Virgencita
Si lo logro
If I make it,
Llego medio muerto
I will be half dead
Reciba mi alma
Take my soul
Virgencita, Madrecita
Little Virgin, Little Mother
If my time comes up
I am with you always,

Death will not betray you, mijos
Own your life, own your death
The journey is long,
And the death of hope is forever.

La Larga Jornada: Dedicado al inmigrante huyendo de la persecución

Amigo
Mi mamá se fue hace 53 años
Nosotros pasamos por pobreza, crimen, violencia doméstica, tortura física, encarcelación, gangas, criminales, robo, el huracán Sandy, cáncer, cirugías, y pérdida de seres queridos
En fin, vivimos traumadas…pero vivimos.

Casi desaparecidas
Casi borradas
Le prometí al
Cielo y a la Virgen María
Para crear lo mejor y bienestar para todos.

Paisa
Yo era buena
Casi niña de iglesia
La nena de biblioteca
Que saco su familia de la pobreza
Directamente a la corrupción del privilegio.

El Salvador,
El cielito lindo, pupusas para todos los días
Tamales para los días de fiesta
Nunca dejes mi lado Virgencita
Madrecita
No hay trabajo, las gangas, maras

La calle no está segura
Allá, yo sé que no hay las mismas escuelas
Yo sé que puedo vivir libre
Vivir libre o muero
Yo viviré libre
Yo seré libre o muero luchando por mi libertad.

Eso es lo que nos dice América
Creando paisajes bonitos para el resto del mundo en todos lados.

El pensamiento libre existía en mi América
El pensamiento libre trabajaba, gozaba y bailaba.

Pero no ahora.

Persevera
Echa Pa'lante
Día tras día, paso tras paso
Un pie tras otro.

La maldad está gozando ahora
En los EEUU, entre "nos"
Festejando mientras la maldad destruye los EEUU, el "nos"
Ten cuidado con lo deseas porque la maldad toma la oportunidad
Para desatar la avaricia y pereza
Cristianos deberían hacer algo cristiano.

La muerte con honor
Honra tu familia
Muerte con vergüenza
Morir avergonzada es muerte verdadera.

Mariposas de todos colores
Hacen el viaje al Norte
Y de regreso a México
Es frío en el Norte
Gente fría y vientos más fríos.

Valorando la belleza de tu gente
Tus países, tierras, lenguaje, y culturas
No quiere decir que tu odias a nadie
Son la otra gente que quiere que odies a los demás

No hay cupo en tu
Corazón maya, azteca, afrocaribeño o español
Son los otros
Los nuestros no enseñan odio
Aun así, uno tiene que aceptar
Lo que es para ganar su pan de cada día.

Él o Ella que es dueño de tu felicidad
Es el amo de ti
Los objetos pueden poseer tu felicidad
Pero los objetos no pagan la renta
Tú pagas la renta.

Odiar para defenderse
O ser mercado o matado por el odio de otro
Odio para los demás
Los objetos no te protegen del odio
Los objetos no honran a nadie menos
Tu soledad y exilio.

Parte II

Gente inocente que somos
¡Tenemos amor en los ojos!
Usado en contra de nosotros
Como la espada española
Para matarnos en nuestra inocencia adormecida
Mientras nosotros creíamos en el
Amor en nuestros ojos.

América Latina no es grande
Porque nosotros odiamos
Nosotros queremos en grande
Los españoles aseguraron que
Fuera una conquista de todos los colores
21 países que hablan español
Con muchos colores representando a toda la gente.

Todos los colores deliciosos de Latinoamérica tienen un país.
Nuestros pueblos indígenas tienen raíces aquí en la tierra
La tierra lleva nuestra sangre
Latinos llegaron primero a este país
Y a las Américas
También seremos los últimos.

En ese momento
No te hubiera podido abrazar más fuertemente
Madrecita, Virgencita
Si lo logro
Llego medio muerto
Recibe mi alma
Virgencita, Madrecita
Siempre te tendré conmigo.

La muerte no te traiciona, mijos
Ser el dueño de tu vida es ser el dueño de tu muerte.

El viaje es largo, la muerte de la esperanza es para siempre.

So You Are Better than Me

By birth?
We live and die the same

We feel pain the same
WE experience hunger
Not you

My skin is soft and supple
My hips and lips are round

Are squares and circles
Any less shapely
One superior to another?

But you are still better than me.

The world is still better than me.
I must bow
I must beg
I must lower myself
I must borrow some dignity

So you are still better than me
Your pain is more valuable
Your skin is more valuable
Or is it?

By birth

By war, by pain, by calamity, stealing, hawking, stalking, glocking, mocking
Stealing people, hurting people, enslaving people

Hardly by birth
WE are not animals
We are not your property

We are humans with the right
To know the world's beauty.

¿Y que tú eres mejor que yo?

¿De nacimiento?
Nosotros vivimos y morimos lo mismo.

Sentimos el mismo dolor
Nosotros sentimos la misma hambre
Pero nosotros la sentimos mucho más que vos.

Mi piel es suave y delicada
Mis caderas y labios son redondos
Formas en general

Son los cuadros o círculos
Menos de los que son en forma.

Pero tú todavía eres mejor que yo.

El mundo todavía es mejor que yo
A mí me obligan agacharme
A mí me obligan a mendigar
A mí me obligan a bajar la nariz
Me obligan a prestar mi dignidad.

Pues, tú eres mejor que yo, todavía
Tu dolor vale más
Tu piel vale más
¿O no?

¿De Nacimiento?

Por la guerra, el dolor, desastres, robos, acoso, burlas,
Robando gente, lastimando, gente, esclavizando a la gente.

Mucho menos
No somos animales
No somos tu propiedad.

Nosotros la humanidad tenemos el derecho a la vida.

A lo lindo en este mundo.

There Aren't Enough Fires to Burn Us All

As I write your shame
For all the racist hate
You have spewed
From your wicked cauldron
Of bitch's brew

We watch
While you burn us alive
Killing a man
From the inside is your specialty
Demon, you will be called out by our children

There could have been
Some mercy
For your children at least
While you have no mercy
For our children
I write your shame

The same burning justice
You dole out
Will be rained on you
The tide will turn, Demon
Karma will visit your children
Your grandchildren
More innocent victims for you

There are not enough fires
To burn us all alive
From the inside
The hate you reflect
Is reflected back to you
When you least expect it

I will write as you writhe
Choking on your gold
Drowned by your spite
A slow venom
As you deliver it by your own hand
You won't see the cobra strike

In your predictable arrogance
You ignore the venom and the snake
I will see you in hell, Demon
Your horns are showing now
You burn us, we burn you

BTW WE are the US
We are the US

No hay suficientes fuegos para quemarnos a todos

Mientras escribe tu vergüenza
Por todo tu odio racista
Que has escupido
De tu olla embrujada
De maldita sopa.

Nosotros miramos mientras
Tú nos quemas vivos
Matando un hombre
Por dentro hacia afuera
Es tu especialidad
Le pagarás las cuentas a mis hijos
Demonio.

Había suficiente tiempo para alguna misericordia
Para tus hijos tal vez
Mientras tu no haz
Demostrado ninguna
Compasión o misericordia
Hacia nuestros hijos
Escribo tu vergüenza.

La misma cruel justiciar
Que tu impones
Sobre los demás
Cae como lluvia sobre ti
Las cosas van a cambiar, demonio
El karma visitará
Tus hijos y nietos
Víctimas también de tu crueldad.

No hay suficientes fuegos
Para quemarnos todos vivos
Desde nuestros vientres
El odio que reflejas
Es reflejado al reverse
Hacia ti cuando menos lo esperas.

Yo escribiré mientras tú te revuelcos
Asfixiado por tu oro
Ahogado por tu propio despecho
Envenenando lentamente
Gota por gota
No verás la culebra
En tu arrogancia predecible
Tu ignores la culebra y el veneno
Te veré en el infierno demonio
Se te ven los cuernos
Nos quemas a nosotros y
Te quemamos a ti.

Por si acaso, nosotros el pueblo, somos el "nos" (US).

Big Money

When money talks
Bull…walks
Old line, still true

Big Money
Blood money happens
When you start selling
Parts of your soul
Stealing innocent lives
Stealing trust away
From children you want as slaves
Convincing children
That slavery should beget gratitude
For three hots and a cot
An hour of sunshine a day
If that
If someone remembers to open the door
For fresh air, breathe, my son, my daughter

Big money video games
Big money textbooks
Big money gun violence
Big money horror movies

Big money on screen time
With no children playing in the sunlight

All that big money
Not going to growing
The future but stealing
From the future
Every step of the way

Dinero en grandes ligas

Cuando el dinero habla
Marchan los vendidos
A la misma canción
Ya lo sabemos
Desde hace tiempo
Todavía es verdad.

Dólares grandes
Dinero que se gana
Con la sangre de los inocentes ocurre
Cuando vendes partes de tu alma
Robando vidas inocentes
Robando la confianza de
Los niños que confían en ti
Niños que tú quieres como esclavos.

Influyendo los niños que la esclavitud
Debería promover más esclavitud
Por lo más mínimo para vivir
Para tres comidas y un piso blandito para dormir
Una hora de sol al día
Y mucho es eso
Si alguien deja la puerta abierta
Respira aire fresco hijo, respire, mija, mijo.

Dinero grande, juegos de video
Dinero grande, para los libros escolares
Dinero grande en el tráfico de armas
Dinero grande en las películas de horror.

Dinero grande en tecnología
No hay niños jugando en el sol.

Todo ese dinero
Que no se dedica
Al futuro, pero en robarle
Al futuro
En cada paso
Al futuro.

Enough Suffering

For survivors of domestic violence and for sex-trafficked slaves
#Enough

I can do no more
For forgiveness
I did not do anything to deserve or
Earn the annihilation

I was not born for my Self
It, the body, was born to be a number
To make someone else's life
Alive, happy, content

The scars remind me
Mirrors remind me
Breathing reminds me
To be alive when
I am dead inside

Feeling alive only when
It feels pain
Numbed so I…
Don't dare feel anything

Don't you dare feel anything
It
You are not worthy of the feelings
Unless you or they serve…the Master
The minions

Did anyone say you were allowed to feel?

Feeling is a privilege. It
You serve…Me
It's easier if you don't feel
Time passes painless
Merciful death finds you
Don't feel for too long
No need to hurt yourself
Think about the grass growing

No need for a master now
These merciless thoughts
No need for a master anymore
Existence is painful #enough
God, Universe, Creator, Goddess
Spirit of life itself
If there is only sorrow and pain
Where is the life to be lived
In this self-constructed prison
The pain becomes my psychological prison
It is a cruel master

Sister, we cannot move
Unless we are moved
Then we move others
We move together
Strengthening each other
In movement, in solidarity, Sisters

Suficiente sufrimiento

Para sobrevivientes de abuso doméstico y traficantes de mujeres y niños.

Yo no puedo hacer más
Para el perdón

No he hecho nada para merecer o
Ganar la muerte.

Yo no nací para mi
Eso, el cuerpo, nació para ser un número
Para darle felicidad a los demás
Viva, feliz, contenta.

Las cicatrices me recuerdan
Los espejos me recuerdan
Respirar me recuerda
A quedarme viva cuando
Me siento muerta por dentro.

Me siento viva solo cuando
Siente dolor
Entumecida para que yo
no me atrevo a sentir nada.

No te atrevas a sentir nada
Eso
Tú no eres capaz de sentir los sentimientos
Sino no sirven al amo
Los sirvientes.

¿Te han dicho acaso que puedes sentir algo?

Sentir algo es un privilegio. Eso
Tú me sirves a Mi
Es más fácil si no te atreves a sentir
El tiempo pasa sin dolor
La merced de la muerte
No tengas muchos sentimientos por mucho tiempo
No te hagas daño a ti mismo
Piensa en la grama creciente.

No hay necesidad para un Amo ahora
Esos pensamientos insensatos
No hay necesidad para un Amo ahora

La existencia es dolorosa
Dios, Universo, Creador, Diosa
El espíritu de la vida misma
Si solo hay dolor y sufrimiento
¿Dónde está la vida que vivimos
En esta cárcel construida en la mente?
El dolor se vuelve en cárcel psicológica.
Es un amo cruel.

Hermana, no podemos mover
Sino nos mueven
Así nos movemos juntas
Fortaleciéndonos
En el movimiento, en solidaridad, Hermanas.

We Grow Up

Part I

The innocents born out of trauma grow up
We remember those things we were supposed to forget
In our cells
When we look through the bars of our cells
Be they golden or steel

We grow up and out
Memories are forever
Imprinted to make you
Cell by cell
Experience by experience
An atom at a time
Vehicles of memories and time

Trauma drama does not distinguish
It takes your happiness for a minute
Young or old
Rich or poor
It may take a lifetime to be the same
Ever again

We grow up but we may never grow out of it.
If it hurts enough it will stay with us forever.

I will never forget all the blood when I was raped
I will never forget all the times my faith was violated
The physical sensation of ripping apart inside
Repeats itself when my faith is violated

It's in my cells and it still hurts today
The innocence of believing and trusting left that day
The reality that my pain and blood
Caused another human being to feel ultimate pleasure
To pleasure in my blood on his unbroken skin
Bathing in my pain and sorrow
Until he was satisfied

Part II

Just being alive hurts on some days
Feeling hurts on those days
Being numb is so comforting
The comfort of nothingness and being
Cuts out ecstasy too

On those numb days
I run to my safe place
Within and without
Escaping the cells in my mind

Every prisoner knows
You need to free your mind
To free your soul
Your essence belongs only to you.
You hold the key to the cages of the mind

Peaceful winds resonate
Sounding whistles in a summer breeze
Holding my infant
Guarding her innocence
With my life

My daughter's gaze is one of my serene places
I am in the most innocent place in the world
Her fluttering baby heart

The baby breath on my shoulder
Brings me back to faith, hope, and love
Filling me with life

Nosotros crecemos

Parte I

Los inocentes nacidos del trauma crecen
Nosotros nos acordamos de las cosas que
Deberíamos olvidar
Nos acordamos en nuestras células
Cuando miramos entre las barras de nuestras celdas
Sean de oro o hierro.

Nosotros crecemos y pa'fuera
Las memorias son para siempre
Imprimidas para siempre
Célula por célula
Experiencia por experiencia
Un átomo a la vez
Vehículos del tiempo.

El trauma no distingue
Toma tu felicidad por un minuto
Joven o viejo
Rico o pobre
Puede demorar mucho tiempo
Para recuperarse de nuevo
Jamás.

Nosotros hemos crecido, pero no hemos olvidado
Si nos lastima suficientemente la memoria se nos queda para siempre.

Nunca olvidaré toda la sangre cuando me violaron
Nunca olvidaré todas las veces que violaron mi fe en los demás
La sensación física en mis adentros arranca mis entrañas
Se repite cada vez que mi fe es violada.

Está en mis células y si me duele hasta este día
La inocencia de creer y confiar me dejo ese día
La realidad es que mi dolor y sangre
Causo que otra persona disfrutara de su placer
Tomó placer en mi sangre sobre su piel
Bañándose en mi dolor y sufrimiento
Hasta que quedó satisfecho.

Parte II

Solamente estar viva duele a veces
A veces quita la felicidad también
Sentir duele durante esos días
Estar viva en esos días
Estando sin sentido es un alivio
El alivio de nada y de ser.

En esos días sin sentido
Yo corro hacia mi seguridad
Por dentro y por afuera
Escapando las células de mi mente.

Todo encarcelado sabe
Que necesitas liberar tu mente
Liberas tu alma
Tu esencia pertenece solo a ti
Tú tienes las llaves a las aulas de tu mente.

Vientos de paz nos une a todos
La brisa serena y suave del verano suena
Abrazando a mi bebé

Protegiendo su inocencia
Con mi vida.

Abrazando mi hijita en mis brazos
es uno de los momentos
más tranquilos del mundo
Estoy en uno de los sitios más inocentes del mundo
Siento el tierno corazoncito de mi hijita latiendo
Latiendo mientras duerme
Cuando despierta mi chiquilla me mira
Curiosa llena de vida y hambre
Siento el aliento de bebe
La mirada que me hace perder
Toda razón y madurez
Transformándome en simplemente mama
Confirmando mi fe en la humanidad, amor, y esperanza.

My Dead Need Honor, Too

Stars and Stripes, M'ija
Have become Stars and Bars, Ma
To me now
Here's how

Bars cross my eyes
Bars intersecting less than civil realities
Gets real really fast

Stars in my dreams
For the Dreamers
Stars and flashes
Fireworks for some
Colossal mushroom colors
Conquering this
Land of the Free
The Home of the Brave

The Honorable Mayan,
The Native American brave
Means to me
The warrior who protected his tribe before
Everything was stolen

Regarding
Honoring the free and the brave
And the dead
My dead need honor too
If no one else does
I will honor my dead
With my life

Honoring our Dead
Our
Free…
Freedom…
Bravery…
Is an act of celebration for most
For others, an act of defiance

We the People
Chose a side
Brown…Yellow…White…Moreno Caramelo
Mi bomboncito
Papi chulo
Cielito lindo
Amor mío
Esperanza y fe de toda mi vida

Mi vida, prendo una candela para ti, my life
I light a candle hasta que llegues to your eternal love
Until you arrive from your journey a tu amor eterno

Estrellas y barreras

Estrellas y barreras, Mija
Estrellas y barreras, Mama
En este ahora
Aquí y ahora.

Barreras cruzan mis ojos
Barreras que cruzan varias realidades
Las realidades de la vida se ponen
Muy duras, muy rápido, acelerando.

Las estrellas en mis sueños
Para los soñadores
Estrellas y barreras
Cohetes para algunos
Explosiones de muchos colores
Conquistado esto
La tierra de los libres
El hogar del héroe.

Honrando el Maya
El indígena fuerte y honrado
Me significa a mi
El guerrero indígena
Me significa
El guerrero indígena
que protege a su tribu antes
De que le robaron todo.

Honrando el libre y el fuerte
Y los muertos
Mis muertos merecen honor también
Aunque sea solamente que le de sus honores
Con mi vida.

Honrando los muertos
Nuestros
Libres
Libertad
Bravura.

Es un acto de celebración
Para la mayoría
Para "Ellos" sin poder es un acto desafiante
Nosotros el Pueblo tomamos lados
Marrón…
Café…

Amarillo…
Blanco…
Moreno…
Caramelo
Mi bomboncito
Papi Chulo
Esperanza y fe de toda mi vida
Cielito Lindo
Amor Mío.

Hasta que llegues a tu Amor eterno.

Mayan American

I am always wrong
No accomplishment is ever good enough
It is always acceptable to make me look bad
I must give up the good things in my life.

I am not allowed to claim the great things that are mine.
The things I have earned that are rightfully mine.
Nothing is mine
Not even my freedom
Even the thought has been stolen
My freedom
My freedom belongs to someone else

I am only entitled to whatever makes other people benefit
From my body
From my pain
My pain has become human capital
Dehumanization of a conscience
Nazis did the same thing to other white people
Death squads do the same thing to their own people

Accusing "the Other" of theft
When theft is the favorite corporate game of the privileged

Reducing humanity to property
Caging hope and freedom
Creating bigger spaces between people
Guarantees that we all lose faith in the good things in all our lives

We exist for a short time
Time is gone in blink

The Earth is a bright, blue, swirling planet teeming with life
The Life force chose us
No one born is an accident
The beginning of Darkness starts when one group
Allows the darkness of the soul to invade our collective conscious

The Darkness is in all of us
The Darkness of Space is in all of us
It can invade everything if allowed
When we lose faith in ourselves, others, the Universe
We come from the Universe, and to the Universe we will return
Dust to dust

The Mayans knew that we are a collective
The land is not our own to own forever
We cannot take it with us
We borrow things from the Universe
We should care for the land and living creatures

The Mayan boils and rages
Subjugating upon subjugation
Oppression on top of oppression
Caging the descendants of the Mayan people
Makes the victimization unbearable in this life

White privilege really fears that the same treatment
Will be applied to those who intentionally wield
The sword of white privilege
That is the true fear
Fear such as this is truly the dark space within us.

If a greater power hurts me
I get mad
Since I become overpowered

The empowered power structure
Has become empowered by hurting "the Other"
Gets mad at me for getting mad
That I was treated unjustly at the start
Due to being overpowered
I believe I will always be defeated
I stop fighting or die trying

Even if I die trying to fight the power
Who benefits?
There are not enough bullets to kill us all
BTW, the Nazi's regime did not end well
Social democracies began to take hold
Around the world and now all over Latin America
And the people who read and think
Ascend to power
There will be an end to the Roman circus

Fear on both sides
Is not helping anyone move forward
As we spin in the Universe
On this lonely planet

Maya Americano

Yo siempre estoy equivocada
Ningún éxito es suficiente
Siempre aceptan mis humillaciones
Siempre se me pide que renuncie las cosas buenas en mi vida.

No tengo permiso de
reclamar las cosas buenas de mi propia vida
Nada es mío
Ni mi libertad

Hasta la ilusión de mi libertad
Se la han robado
Mi libertad
Mi libertad pertenece a otras personas

Yo solamente tengo derecho a las cosas
Que le benefician a los demás
De mi cuerpo
De mi dolor
Mi dolor se ha vuelto capital humano
Deshumanización de la conciencia
Nazis hicieron lo mismo a la otra gente
Los escuadrones de la muerte hicieron lo mismo.

Acusando "al Otro" de robo
Cuando el robo es el juego favorito
De las privilegiadas corporaciones.

Reduciendo la humanidad a propiedad
Enjaulando la esperanza y la libertad
Creando espacios más grandes entre la gente
Solamente garantiza que todos perdamos fe
En las cosas buenas de nuestras vidas.

Existimos por un tiempo corto
Y el tiempo desaparece en un instante.

La tierra es brillante, azul, un planeta lleno de vida
La fuerza de la vida nos escoge a nosotros
Nadie nace por accidente
El comienzo de la oscuridad se inicia
Cuando un grupo poderoso permite que
Oscuridad entre el alma por medio de la colectiva
Desatando miedo y pavor.

La oscuridad existe en todos
La oscuridad del espacio está en nosotros
Y puede invadirnos si se permite
Si perdimos fe en nosotros, en los demás, el Universo
Nosotros nacimos del Universo
y para el Universo regresaremos.

Los Maya sabían que somos un colectivo
La tierra nos pertenece a todos
No la podemos llevar con nosotros al final
Nosotros tomamos prestado de la tierra y
El Universo
Precisamente tenemos que
cuidar de la tierra y las criaturas también.

El Maya en mi queda furioso
Opresión encima de la opresión
Enjaulando los descendientes de los Maya
Creando víctimas,
Creando vidas insoportables.

El privilegio blanco realmente teme del mismo trato
Estas personas temen que ellos los trataran como
Ellos han tratado a los demás con
La espada del privilegio blanco
Ese es el temor verdadero
Miedo como este es realmente
el espacio oscuro adentro de nosotros.

Es lógico que si un poder mayor me hiere
Yo me enojo
Porque se apoderan fácilmente.

Las estructuras de poder se
Apoderan en lastimar y usar "al Otro"
Para mí, yo veo que si yo me disgusto

A veces siento que siempre estaré equivocada
Por algo, a mí misma me echan las culpas
Y que soy yo del problema
Paro para evaluar si debo continuar la lucha.

Aunque yo muera tratando de pelear contra el poder
¿Quién se beneficia?
No hay suficientes balas para matarnos todos
Por si acaso: El régimen de los Nazis no terminó muy bien
Los Demócratas Socialistas comenzaron a tomar poder en muchos
sitios
En el mundo y en Latino América
La gente quien puede leer y pensar
Llegan al poder
No va a ver un fin al circo Romano.

Miedo a los dos lados
No le ayuda a la gente moverse para adelante
En este planeta triste y solitario.

Empty Chairs at the Table

Each one of you
Is a part of me
Your souls left their mark
I was given

Empty chairs
Hold soul space
At the table
Where I nurture
My physical body

My human eyes
May not see you
My soul-heart
Feels you

Legacy
You sit in my mind
Like a weight
Heavy as an anchor

Some old
Some young
Some yet to be
Born
The life force
Connects us

Beyond our eyes
With heart strings

The empty chairs honor you
And hold you to my Life
Sit at my table
You are always
Welcome
Sit in my heart

Infants, playful souls
Cherubs
With toothy
Chubby smiles
Giggling at the
Slightest tickle

Older family members
Taken too soon
Weathered wise words
Weaving into the
Fabric of legacy

Sillas vacías en la mesa

Cada uno de Uds.
Es parte de mi
Tus almas dejaron sus huellas
A mí me han dado y
Yo doy.

La silla vacia misma
Sostiene el alma
En la mesa
Donde yo alimento
Mi cuerpo físico.

Mis ojos humanos
No te ven
El corazón de mi alma
Te siente.

Legado
Te sientas en mi mente
Como un peso
Pesado como un ancla.

Algunos viejos
Algunos jóvenes
Algunos todavía no
Nacidos.

La fuerza de la vida
Nos conecta
Mas allá de los ojos
Con los enlaces del corazón.

La silla vacia te honra
Te conecta
A mi vida
Tu siempre serás
Bienvenidos
Sentados en mi corazón.

Bebés, almitas juguetones
Querubines
Con dientecitos
Sonrisas cachetonas
Riéndose con cosquillas
Familiares mayores
Tomados demasiado jóvenes
Palabras sabias
Entrelazados
En la textura del
Legado.

I Will Live

I cannot die here
My bloodied, crooked, broken-fingered
Hand pops out, grasping
Reaching out
Grabbing out
Shaking a fist
For Life to notice this outrage

No, I won't die here
I will stop and scare death itself
Does death make deals?
We will find out if
We can scare death with life

My life-seeking hand
Stabs the air, seeking flesh
For warmth or a warm-blooded
Breath of air to fill my lungs
To breathe life back into my lungs

I almost went Home that time
It wasn't my time
I was forced to fight for life
Spared to fulfill a mission

My mission spared me
Sparing the hundreds
Saved from themselves
Spared for the other lives

By the grace of their
Guardian Angels
I live today

For them I live
To allow the lives
Lived to fill my lungs
With Life

I will live
Out of desperation
From hope
From air

I will live
For the hope of a better life
To prepare a place
For a better life
I know I was not made to die
Like this

You can't give up on me or
The human race!
We are all connected
Be it the hand of any man
In prison
In suffering
In strife

Yo viviré

Yo no puedo vivir aquí
Mis dedos quebrados torcidos
Mi mano avanza, agarrando
Sacudiendo mi puño
Para que la vida
Tomé nota de su disgusto.

No me moriré aquí
Me paro y asusto a la muerte misma
¿Acaso la muerte entra en acuerdos?
Ahora vamos a saber
Si se puede asustar
A la muerte con vida.

Mi mano busca la vida
Buscando la piel de otro
Para el cariño o lo cariñoso
Respirando hondamente
Para llenar mis pulmones
El aire en mis pulmones me
Llena de vida.

La misión de mi vida
Me salvó
También salvé
A muchos otros
Salvaguardados de sus propios errores
Salvando otras vidas
Con la gracia
De sus ángeles guardias
Vivo hoy.

Para ellos vivo
Para permitir que las vidas
Llenen mis pulmones
De vida.

Yo viviré
De la desesperación
De la esperanza
Del aire.

Yo viviré
Para la esperanza
De una nueva vida
Para preparar un lugar
Para una nueva vida mejor
Yo sé que yo no nací
Para morir así.

No pueden dejarme por vencida
Tampoco fallarme a la raza humana
Todos estamos conectados
Somos aliados
Sea la mano de cualquier hombre
En la cárcel
En el sufrimiento
En el dolor.

Privileged People Buy People

The dark, cold night
Echoes in my sight
Fear in my soul

Suspend your disbelief
Catch your breath
Hear everything
Whistles become booms

The vacuum of nonexistence
Nothingness
Protects you when you are a slave

People buy people
Then you are a slave

You cease to be human
You were human once
You were alive once
You remember occasionally

Your body continues to function
Function is the easy part
Vulnerability is not

Slavery is alive and well
In America today.

Freedom stolen
Steals it from everyone

Freedom to jump and play
Without judgement
Freedom stolen

The brace around my neck is bloody now
Hanged without trial

Death dead is better than death alive
Welcome to the slave club

Los ricos compran a los demás

Era una noche
Oscura y fría
Que me metió miedo
En el alma.

Trata de creerlo
Respira hondo
Escucha todo alertamente
Silbidos se oyen como truenos.

La falta de existencia
Del nada
Te protegí cuando eres esclavo.

La gente rica compra gente
Y así te vuelven esclavo.

Paras de ser humano
Eras humano hace tiempo
Estabas vivo hace tiempo
Te acuerdas de vez en cuando.

El cuerpo continúa funcionando
Función es la parte fácil
Ser vulnerable no es fácil.

La esclavitud está viva y vigente
Hoy día en América ahora.

La libertad robada
Se la roba a todos.

Libertad para brincar y jugar
Sin ser juzgado
Libertad robada.

El collar en mi pescuezo
Esta ensangrentada ya
Esclavo vaya a colgarse.

Muerte muerta es mejor que morir viva
Bienvenidos al club de esclavitud.

Stronger, Better, Faster, Wiser

It happened one night
The cornerstones of my life
Drowned in eleven feet of water

Blink, it's gone
Glistening in the sunlight
The wreckage of my life
Memories cannot be replaced

The car, the house, the job, the family
Still standing, the wife, the son, the daughter, the husband

On the other side of the rainbow
Far from the torment
It was four years
Of caging the raging

The tears did not fall
The screams of madness
Tore me apart inside
Until I lost myself

Love and my children
Fought me alive again
Dead woman walking
Could have been my name

Building my muscles
Rebuilt my soul
Into the jaguar
It was always meant to be

We are fragile and strong
The Spirit is elastic
Because Love is the strongest
Bonding agent on Earth

Más fuerte, mejor, veloz y sabia

Pasó una noche
Las huellas de mi vida
Se ahogaron en cinco pies de agua.

Cerré los ojos
Y desapareció de mi vida
Alumbrado por la luz del sol
El cementerio de mi vida
Las memorias no se reponen.

El carro, la casa, el trabajo, la familia
Todavía luchando, la esposa, el hijo,
La hija, el esposo.

Al otro lado del arco iris
Lejos del tormento
Eran cuatro años
Enjaular la rabia.

Las lágrimas no caían
Los gritos de locura
Me despedazaba por dentro
Hasta que me perdí a mi misma.

Amor y mis hijos
Pelearon por mi vida
La vida de una mujer

Muerta en vida
Pudo haber sido mi nombre.

Fortaleciendo mis músculos
Recreando mi alma
En el jaguar
Que siempre era por dentro.

Somos frágiles y fuertes
El espíritu es elástico
Porque el amor es el
Vínculo más fuerte del mundo.

Paper Cuts Wound

....

You are enough.
—Maya Angelou

Tiny consistent cuts
Over a sore
Over and over
Do not let it heal

Micro-aggression
Newspaper article
Alligator Alcatraz
Detention center
ICE agents in black masks
Walk down the street
Hispanic and Black criminal faces on the news
No chance to heal
This wound

When will it go away?
WHAT DID I DO TO YOU
EXCEPT BE SUCCESSFUL
Self-Confident
Ambitious
Motivated
Kind and caring
Paid every tax

It's not enough
It's never enough

I'll be dead and
There will be something
Not good enough

With my dead body
Guess what world!?
Over my dead body
Will my ambition die

I may shake my fist
My cold dead hand will be
Holding a pen to document
Your shame

My life will be your shame

I promise I won't die as
I write my legacy
In blood if necessary
I will leave an honorable legacy

Too many ancestors died
So that I may hold this pen
So that I could speak this word
So I can speak of your shame

Heridas de papel

Pequeñas frecuentes heridas
Hechas sobre heridas
Una y otra vez
No le deja sanar.

Micro agresión
Artículo de periódico
Agentes de ICE con máscaras negras
Alcatraz de los cocodrilos
Centro de detención
Caminan por el ale
La cara hispana del criminal

Se desfila en las noticias
No dan tiempo para sanar
La herida.

Cuando van a parar
Que te he hecho
Menos que ser exitoso
Tener valor propio
Ambiciosa
Motivada
Cariñosa y amable.

No es suficiente
Nunca es suficiente
Yo estaré muerta y
Siempre habrá algo
Que no es suficiente
Con mi cuerpo muerto.

Bueno, imagínate el mundo
Sobre mi cuerpo muerto no se
Muere mi ambición.

Puedo ponerle mi mano en su cara
Mi mano fría y muerta
Tendrá un lapicero para
Escribir tu vergüenza
Mi vida será tu vergüenza.

Te prometen que no me
Muero mientras escribo
Mi legado
En sangre si es necesario
Te dejare un legado honrado
Demasiados ancestros han muerto
Para que yo pueda hablar tu vergüenza.

The Speckles of the Freckles

Born to die
Each speckle
The bloodstain of a life
That lived
That spat a stain on my face
With its last breath before extinction

Speckles of freckles
Of lives lived
In anguish and sorrow
That would not be erased
Like blood marks haunt the soil itself

Blood marks on my face
The smell of blood is in my nostrils
It chokes the air
Entering and exiting
The minuscule particles of human blood
Cannot be erased

Never accept blood money
Made by the extraction of innocence
Blood money is made by cursing
The young

Las manchitas de las pequitas

Nacer para morir
Cada manchita
La mancha sangrienta de la vida

La vida que vivió
Que escupió la mancha en mi cara
Con su último aliento antes de extinción.

Manchitas de pecas
De vidas vividas
En dolor y sufrimiento
Que no sean borrados
Como marcas en sangre
Quedando como fantasmas en la tierra misma.

Marcas de sangre en mi cara
El olor a sangre en mi nariz
Sofocan el aire
Entrando y saliendo
Partículas minúsculas de sangre humana
No pueden ser borradas.

El dinero ganado derramando
Sangre humana nunca se debe aceptar
Cuando se gana tomando ventaja
De la sangre de los inocentes
Ese dinero se vuelve maldito
Por haber maldecido la juventud.

When "I Owe You"

The lonely, lifeless nights
In the hospital
The sound of the drip
The tug of the IV
Beep, beep, beep
Hospital sounds
Count down
Moments of concentrated
Incarcerated blood time
Those last minutes
So close

Treasure time while you have it
Once it goes, it's gone
It has no price
Right or wrong
Use it well
Or it will be taken
By another
Stronger, faster, richer, wiser?

Where do you fall here?
Where will you be boxing with Fate
In the face of someone you love
Or someone you hate?

Where is your power?
Where lies your grace?
Are you sinning or are you loving?
Are you loving to sin?
Or sinning to love?
The human race does both

Don't kid yourself
Yin and yang
Embrace both sides
You won't have one
Without the Other

Cuando "Yo te debo"

Las noches largas sin vida
En el hospital
El sonido del IV en mi brazo
Me jala el brazo el IV
Beep, beep, beep
Sonidos del hospital
Contado los minutos
Momentos concentrados
Tiempo marcado en sangre
Esos últimos momentos
Tan cerca.

Aprecia el tiempo mientras
Tienes más tiempo
Cuando se termina
No hay más
No tiene precio
Para bien o mal
O tal vez otro te lo va a quitar
Uno más
¿Fuerte, veloz, rico o más sabio?

¿Dónde caes tu aquí?
¿Hasta cuando vas a estar peleando con el destino?
En la cara de alguien quien amas o
quien odias?

¿Dónde está tu poder?
¿Dónde está tu gracia?
¿Estás pecando o estas amando?
¿Te encanta pecar?
¿O pecando para amar?
La raza humana hace las dos cosas
No te eches cuentos
Yin y Yang
Acepta los dos lados
No puedes tener el uno sin el otro.

The Evil You Dare Not Speak

#MeToo from the daughter of a domestic violence victim/unwilling slave
For survivors of domestic violence, for sex traffic victims, and for
sexual violence survivors

Muted, Gagged, Strapped

Seeing, Feeling, Thinking
In the body

Piece of flesh
Worthy only of what
It produces
It, the body,
Produces for others
Not the Self

If the body speaks
Gag It
It declares Itself
It only needs to produce
For others
Any other
Except for the Self

It does not need a voice
The body does not need a life
The body must produce for Others
But gag It so It cannot speak

The body is only valued
By what it produces
If it can be saved

By what it produces
If it has a monetary value
In the USA of today
The self is property

Dehumanized property
Undeserving of compassion
Pity never helped me
Harvard helped me
Education saved me

El mal que no se habla

Dedicado a las víctimas de abuso doméstico, víctimas del tráfico
humano, sobrevivientes de violencia sexual.

Muda, atrapada, amarrada.

Mirando, sintiendo, pensando
En el cuarto

Pedazo de carne
Mereciendo sola
Lo que produce
Eso, el cuerpo,
Lo que produce
Para los demás
No para sí mismo.

Si hable el cuerpo
Amararle la boca
Si trata de declararse
Solo necesita producir
Para los demás

Cualquier otra persona
Pero no para su persona.

¿Adónde terminas tu aquí?
¿Cuándo en tu vida vas a boxear con el destino?
¿En la cara de alguien que amas o
con alguien que odias?

¿Dónde existe tu poder?
¿Dónde existe tu gracia?
¿Estás pecando o estás amando?
¿Amas ser pecador?
¿La raza humana lo hace todo?
No creas mentiras
Yin y Yang
Abraza tus dos lados
No pueden tener el uno
Sin el otro.

No necesita una voz
El cuerpo no necesita tener una vida
El cuerpo necesita producir para los demás
Pero amararle la boca para que no hable.

El cuerpo solo de valora por
Lo que produce
Se puede salvar
Por lo que produce
Si tiene valor monetario
En los EE. UU.
El ser es propiedad.

Deshumanizado propiedad
No merecido compasión
La piedad no me ayudó
Harvard me ayudó
La educación me salvo.

So Done

I am so over this
Done with this
Done with that

Fed up
Done
Can't take anymore
Too young
To be so done

Chin up, soldier
The plan does not
Belong to you
Follow the divine design

Let go and
Let good
Invade your soul
Shake it off!
Keep going
You still have a mission

Ya basta

Ya se me han quitado las ganas
Basta con esto
Basta con lo otro.

Harta hasta aquí
Basta

Ya no puedo mas
Demasiado joven
Para estar tan harta.

Dale frente soldado
El plan no
Te pertenece
Sigue el plan divino.

Suéltelo y
Deja que lo Bueno
Te invade el alma
Pa'lante
Ándale
Todavía tienes una misión.

I Had Hope Once...

I would be your daughter
I could be your little girl
Someone's little girl
Loved

The hope of being
A child did not last long

Long nights in lonely, cold hospitals
Looking at the clinical whites
Empty as a skeleton
As empty as the sheet on top of me
I could have been the sheet
Only I was sentient and aware
With no voice
A tube was shoved into my throat
Before life escaped me since it was stolen anyway

Learning not to feel
Not to hear
Not to taste
It all sounds the same
Gray fuzz static on the television sign-off in the hospital

The live dead look
From those nights of
Wishing that death would offer relief
From unbearable existence
Numbing the pain of life

Extinguished childhood
Happens in the blink of an eye

Before you look up, it's gone
When did the moment pass?
It was the raping invasion
The light went out of my eyes
The flame of inquiry, inquisition

Hope and death
Wrapped in a clinical sanitary sheet
Mami wanted me
Papi thought I was one more
Reminder of the death of his freedom
Me and his other seven children
He hated us
He wanted to kill me at birth

Each scar has a story
If body parts could talk
An imprint
Every surgery an ounce of flesh and mind

Life is scarier than fiction
The horror does not disappear in your sweet dreams
It greets you in the morning with your coffee
If you let it, death can be constant companion
Empty and still

Slavery was the next life option
Check that box
It's easier than fighting the master
Struggling for survival
Or tiring of the struggle
Giving up and giving in to
Learning to fight for life

Learn to fight for life
Little soldier or die alive

Dying alive or
Dying to live
Die to live
We need to live each moment
Dying to live

I was never anyone's little girl
I did not exist for myself
I existed for others
My life became about others
Living through the happiness of others
I am only truly happy
When I see my loved ones happy
I am a woman, wife, mother, friend
Never much of a daughter

I hurt when I was the daughter of a father
I was the victim of a father
The slave of a father
The mistake of a father
The unplanned and unloved deposit
Of a criminal
Apparently, I was stealing his freedom
I was stealing life
It belonged to someone else
Born to slave
Slaving to live

Every blood drop
Every stain on the sheet from my mother's blood
Next to her daughter's bloodstained sheet
I remember every punch
Scream, cry, and crash

It ends with me
It ends with my children

Game over
No mas
My child is my hope after the massacre

I escaped the torture chamber
At home
My plan is to bust as many other torture chambers as possible
Liberating children is like freeing blue butterflies into the Spring air
As often and as hard as I can

Hope lives, thrives, and dreams
Be kind to hope
Or you will live in the prison of the mind
The worst kind

Ask me again if I'm Salvadoran-Colombian
What are you?
Oh yeah, everybody else but me has a life
I forgot my place
But if I'm nobody, stop stealing my life
Stop lyin', stealin', and gamin'
Sayin' nobody else matters like you

Hace tiempo tenía esperanza

Que sería tu hijita
Tu niña pequeña
La hija de alguien
Amada.

La esperanza de ser
Tu hija no duro mucho tiempo.

Noches largas y solitarias
En hospitales fríos
Vacía como un esqueleto
Tan vacía como la Sabana
Tirada encima de mi
Aunque yo sentía y estaba alerto
Sin voz
El tubo metido en mi garganta
Antes de que se me escapara
La vida que me la robaron
De todos modos.

La mirada de la muerte
De esas noches de
Anhelar el alivio que ofrece la muerte
De la existencia insoportable
Anulando el dolor de la vida.

Cancelando la niñez
Ocurre en un cierre de los ojos
Antes de mirar para arriba alrededor desaparece
Cuando ya pasó el momento
Fue la invasión violadora
Que me sacó la luz de los ojos
La llama de la curiosidad, la inquisición.

Esperanza y muerte.

Enrollada en una sábana clínica y sanitaria
Mi mama me quiso
Mi papa pensó que yo era una más
Un recuerdo de la muerte de su libertad
Yo y sus otros siete hijos
Nos odiaba
Quería que me muriera al nacer.

Cada cicatriz tiene su cuento
Si las partes del cuerpo pudieron hablar
La impresión
Con cada cirugía una onza de carne y cerebro.

La vida es más espantosa que la ficción
El horror no desaparece con tus dulces sueños
Te saluda por la mañana con tu café
Si lo permites, la muerte puede ser un compañero constante.

Vacío y quieto.

La esclavitud era la otra alternativa
Marca esa cajilla
Es más fácil que pelear con el amo
Luchando para sobrevivir
O cansado de la lucha
Dándose por vencido
Aprendiendo como luchar para vivir.

Aprende a luchar
Pequeño soldado o muere viva
Muriendo viva o
Muriendo para vivir
Necesitamos vivir cada momento
Muriendo para vivir.

Nunca era la hijita de nadie
No existo para mi
Vivo para los demás
Mi vida era para otros
Viviendo para la felicidad de otros
Cuando veo mis seres queridos
Soy mujer, esposa, madre, y amiga
Pero no mucha como una hija.

Me lastimaron cuando era hija de un padre
Era la víctima de un padre
Un depósito físico sin amor
De un criminal
Aparentemente, yo le quitaba su libertad
Estaba robando vida
Porque le pertenecía a otro
Nacida una esclava
Esclavizada para vivir.

Cada gota de sangre
Cada mancha de sangre en la sabana de mi mamá
Al lado de mis sábanas manchadas de sangre también
Recuerdo cada puño
Gritos, llantos y estallidos.

Termina conmigo
Termina con mis hijos
Se acabó
No más, ya.

Escapé la tortura
Con mi familia
Mi plan de abrir más jaulas de tortura
Liberar niños es como dejar escapar a
Mariposas azules al aire de primavera
Lo máximo que puedo, tantas veces que pueda.

Pregúntame otra vez si soy salvadoreña o colombiana.

¿Que eres tú?
O casi se me olvidó
El resto del mundo tiene
Vida, pero yo no
Se me olvidó mi sitio
Pero si yo no soy nadie

Para robarme tanto
Para de robar y jugar
Para de decir que
Nadie importa como tú.

Loss after Loss

Salvadoran-Colombian
Should speak to you right away
Of drug violence and civil war
Talk to me about gun control

All I know is loss
I know I will lose you too,

The dead space within my Self
From where I bid thee well

In the desert of dead bodies
Where the memories of love and loss lie

Keeping my love near
Is the hardest part

The collective "They" always leave
"They" are always somewhere else

This is the prison of the mind and body
This land of love and loss

Defined by pain

There is no burial site
To honor

Look in my eyes
You will see
A touch of death in my eyes
Don't look too long

I have seen too much death in my life.
Spiritual and real

Heaven or hell
The collective "They"
Are not with me
I have not replaced my loved ones

I have learned to live
With a little death
in my soul

Heaven or Hell
With or without
The collective "They"
Are not physically with me
But loved ones cannot be replaced
By other bodies
No matter how beautiful
Time does not rip those
Bonds out of your heart

The dead offer more companionship
Than the detached living
I miss you so much…I know I will see you again…
When we are both home again…

Pérdida tras pérdida

Salvadoreña y colombiana
Debería comunicar algo inmediatamente.

Afectados por guerra y
Violencia por el narcotráfico.

Lo que conozco es la perdida
También sé que te voy a perderte a ti.

El espacio muerto dentro de mi
Desde ese espacio te deseo lo mejor.

En el desierto de cuerpos muertos
Donde las memorias de amor y perdida permanecen.

Mantener tu amor cerca es lo más difícil
Esta parte puede ser lo más duro.

La colectiva de ellos siempre se van
Ellos siempre parten.

Así es la cárcel de la mente y el cuerpo
Estrellas y barrera al amor y la perdida.

No hay donde enterrar
Ni para honrar
Mirarme a los ojos
Vas a ver un toque
De muerte en mis ojos.

No mires mucho tiempo
Yo he visto demasiada muerte en mi vida
Espiritual y verdadera.

Cielo o infierno
El colectivo de "ellos"
No están conmigo
No he reemplazado mis seres queridos.

Yo he aprendido a
vivir con un poco de muerte
En mi alma.

Cielo o infierno
Con o sin
El colectivo de ellos
No están físicamente conmigo
Pero los seres queridos
No pueden ser reemplazados
Por otros cuerpos
Aunque algunos eran bellos
El paso del tiempo
No le quita esos vínculos
Del corazón.

Los muertos ofrecen más compañía
Que los indiferentes vivos
Te extraño tanto…
Yo sé que te volveré a ver otra vez…
Cuando estemos de regreso al Paraíso.

Cold Inside

Part I

Abusing my kindness as weakness
Crushing my faith
Using my faith in others
To rip the oxygen out of my throat
Cutting off my air supply

The scar stares back at me
The scar tells me I was saved
Saved from physical death
But not from the death inside
My body would never be whole again

My kindness is my air supply
I give to receive the good
From the Universe
Fate catches up to us
Calling us out
Good and kindness
Become my survival
My strength

All of my scars tell a story
Each one a reminder of battles
Won or lost
My throat
My eyes
My knees
My stomach
My creeping up cancers

Good becomes the only avenue
For the survival of us all
Compassion and mercy connect us
Burdens lighten and wane
The cold is not so cold
Love warms the soul
We get to live another day

My scars have allowed me to live
My scars tell me I can embrace life
I walk
I breathe,
To serve,
The Good

Part II

I live
To fight
The death inside
The pain that haunts me from within
Stealing any relief
I may find

The memories
The torment
Dark shadows on beautiful faces
Dancing shadows on the edges
Unless I fight them with the Good
As hard and often as I can
Until the darkness and cold are gone.

I own nothing
I owe everything
My life is a debt
I exist due to the collective

Consciousness keeping us all alive
Life is a collection of cells
Brought together by the power of the Good

If I earn
It is assumed I will not be allowed to keep my earned privileges
It is taken by the collective in taxes
If I benefit from something, it is diminished
As if I did not earn it or it was cheap because I earned it

Each scar made me stronger
Every challenge snubbed me at first
I learned to affirm and embrace life
A life which I earned,
Like a soldier in a never-ending battle,
Through my pain, blood, and scars

Loving and living are my only choices
I would not give my enemies the thrill of knowing
About any of my pain
I swallow their eyes of knives
Envy only hurts the envious, haters' hate

El frío adentro

Parte I

Abusando de mi bondad como debilidad
Machucando de mi fe
Usando de mi fe en los demás
Arrancando el oxígeno de mi garganta
Quitándome el oxígeno.

Mi cicatriz me miró de vuelta
La cicatriz me dice que fui salvada
Salvada de la muerte física
Pero no me salvé de la muerte espiritual
Mi cuerpo nunca estaría entero otra vez

Mi bondad es mi aire
Yo doy para recibir lo bueno
Del Universo
Hasta que el destino nos alcanza
Llamándonos
La bondad y la misericordia.

Todas mis cicatrices cuentan algo
Cada una de ellas un recuerdo de batallas
Ganadas y perdidas
Mi garganta
Mis ojos
Mis rodillas
Mi vientre
Mis canceres que me alcanzan a escondidas.

Lo mejor de la vida
Se vuelve en la mejor manera
De sobrevivir para todos
Compasión y merced nos conecta a todos
Las cargas se alivian y descansas
El frio no es tan frio
El alma se llena con el amor
Llegamos a vivir otro día.

Mis cicatrices me han permitido vivir
Mis cicatrices me enseñan a como abrazar a la vida
Yo camino
Yo respiro
Para servir a lo bueno.

Parte II

Yo vivo
Para luchar
La muerte dentro de mi
El dolor que me persigue de adentro de mi
Robándome cualquier alivio
Que pueda encontrar.

Las memorias
El tormento
Sombras oscuras sobre caras bellas
Sombras bailando en el margen
Si no les peleo con el poder de lo bueno.

Si gano
Se cree que no me voy a quedar con las ganancias
Serán entregados a la colectiva en forma de impuestos
Si yo me beneficio es despreciado
Si yo me lo gané,
Ya no le vale nada porque es barato ahora.

Cada cicatriz me hizo más fuerte
Cada reto me desafió a lo primero
Aun aprendí afirmar y apreciar a la vida
Por medio de mi sangre, dolor, y cicatrices
Como un soldado en una batalla infinita
Una vida que yo me la he ganado trabajando
y sangrando, trabajando duro.

Vivir y amar son mis únicas opciones
No les daría a mis enemigos el gusto de verme
Ni saber de mis dolores
Me trago las miradas como puñales
La envidia solo hiere al envidioso
El odioso tiene que odiar.

White Sandy Deserts

I see every humiliation
The pain of giving up my family
Knowing that they worked
So hard for me
To have a life

I see through
The eyes of an immigrant
Like the traveler
Who dies in his travels
Across the desert of despair

No soul water
In the white desert
As each grain of sand
Cuts my eyes
The sun searing my skin

The blinding whiteness
Of the desert
Searing my soul
An egg on a barbecue
Popping burning oil
In my ears
The blinding whiteness of the desert

El desierto largo y blanco

Veo cada humillación
El dolor de sacrificar mi familia
Sabiendo que trabajaron duro para me
Para tener una vida mejor.

Veo por los ojos de un inmigrante
Como el viajero
Que muere en sus viajes
Al cruzar el desierto de la desolación.

No hay agua para el alma
En el desierto blanco
Cada grano de arena
Me corta los ojos
El sol me quema la piel.

La blanca luz deslumbrante
Del desierto ciega
Quemando el alma
Como un huevo en un fuego
Con sonido de aceite ardientes
En mis oídos
La luz del sol ciega en el desierto.

Thank You to My Haters

Part I

Yes, you get a page in the book
You know who you are
This does not mean that I need
To see you again
No, don't even think it
Do not apologize
I realize now why
You were a hiccup

It is much more important
That I understand
And let go of your hatred
Grow from your hatred
Feel My soul screaming
Allow my soul to scream
In pain for ten years
While no one listened

I died every night
For a long time
A walking dead person
I became
The shell of the person
I once was fully alive

Your hatred wrinkled my skin
Bowed my head, lowered my gaze
Furrowed my brow
Making me a wretched
Version of myself

A Self I had never seen before
I had no defenses
I was powerless to stop it

Your hatred
Was like the coronavirus
It murdered
Poisoning people through
The air we inhaled
All hate, no oxygen

Change the hate channel
That channel is all reruns
Please join the world in the
The digital age of all the colors
Of who we are
As we are a global community

Part II

Brown girls learn about hatred
From privileged whiteness
No one is opening any doors for me
I open my own doors
Thank you, haters

The thickest, most powerful venom
Is the hatred of other women
Fired by hate
Literally
Most qualified person in the room
Got fired
By a calculated venom strike
From other women

Brown girls learn early
Once the hate clock starts ticking
It's hard to stop
Tick, tock

Brown girls learn
The greatest of lessons
To walk with Love and integrity
Through rooms full of hate

The person that I am today
Walks with my head up today
Appreciates love today
Sees a beautiful person in the mirror
Her wreath of laurels
Sits squarely on her head

The person I saw today
Lives with love in her heart
Embraces gratitude, compassion, and love
Reflects gratitude, love, and patience
To the people who keep her alive

As for the privileged women and other haters
It wasn't just one color of women
Envy, jealousy, and greed
Offer equal-opportunity hate

Don't use the tools of hate against your Guardian Angels
They hated me while I guarded them
They were not too shy to show it
Made the game a tragic magic show.

One day you're here
The next day
You are not

Tick, tock

Essential worker angels come in all colors and shapes
Appreciate the ones you have in your life
We don't distinguish when we need to save yours.

We see past your hatred to give you
A 9/11 lift from the rubble
We see past your hate
To lift your soul
Never mind everything else

Essential worker angels live in the forever now
We know your colors might not change
But you might have a day
When your conscience transforms

You might need a Brown girl someday
To save your life
What are you going to say?
You're too Brown to save my life?

We know you hate us every day
We save your life everyday
We lift your spirits
Doing the impossible every day
That is the job of Love
Laughing in the face of hate.

No true friendship from you
No real compassion,
Obligation…yes
Guilt…yes
Appreciation…?
Recognition, well…?
Respect?

Saved for some
An afterthought for me

Gracias a los que me odian

Si tu mereces una página del libro
Tú sabes quién eres
Esto no significa que yo
Necesite verte otra vez, no
No lo pienses
No te disculpes, no pidas perdón
Ya, yo sé porque
Cruzamos momentáneamente.

Es mucho más importante
Que yo entienda el por qué
Y despedir es odio
Crecer de tu odio
Sentir el pinchazo de la aguja en mi piel
Permitir que mi alma grite
Desahogándose del dolor de 10 años
Mientras nadie me escucha.

Me moría cada noche
Por mucho tiempo
Era una persona muerta caminante
Me hacía la muerta en vida
La cascara de una persona
Que era viva en el pasado.

Tu odio me arrugó la piel
Agachaba la cabeza
Bajaba la mirada
Encogía mis cejas

Me hacía desdichada
Una versión de mi
Que no reconocía
Estaba indefensa
No tenía medios de pararlo
Tu odio.

Como el coronavirus
Mataba
Envenenaba a la gente por
El aire que respiramos
Todo ese odio sin oxígeno.

Cambia el canal de odio
Ese canal presenta solo programas del pasado
Por favor únete al mundo presente
Digital de todos colores
El ambiente digital de
Todos los colores de todos nosotros
Somos una comunidad global.

Parte II

Muchachas morenas aprenden del odio
De temprana edad
De los privilegiados blancos
Nadie me abre puertas
Yo abro mis propias puertas
Gracias y con permiso.

El veneno más poderoso
Es el odio de las otras mujeres
Despedida por el odio
Literalmente
La persona más calificada en el cuarto
La despidieron

Con un ataque estratégico
De otras mujeres.

Muchachas morenas aprenden temprano
Cuando comienza a tocar el reloj
Es difícil de pararlo
Tic, Toc.

Muchachas morenas
Aprenden la mayor de las lecciones
La de caminar con
Amor y dignidad
Entre cuartos llenos de odio.

Camina con la cabeza en alta
La persona que hoy soy
Vio una bella persona en el espejo
Su corona de laureles
Derechita en su cabeza.

En cuanto a las mujeres de privilegio
Y las otras odiosas
No era apenas un color de mujer
La envidia, celos, y avaricia
Son las herramientas del diablo.

No usen estas herramientas en contra de sus ángeles guardianes
Ellos me odiaban mientras yo las protegía
Y no tenían vergüenza de demostrarlo
Hicieron un espectáculo mágico y trágico
Un día estás presente
Al otro día desapareces
Tic, Toc.

Aprecia a tus ángeles guardianes
Los que tienes en tu vida

Nosotros no distinguimos al salvarte la vida.

Vemos más allá de tu odio paro
Darte la ayuda en momentos como
El 9/11 al elevarte del desastre.

Vemos más allá de tu odio
Para elevar tu alma
Ignorando el resto.

Los ángeles vivimos en el presente
Sabemos que tal vez no cambiaras
Pero puede llegar el día que
Tu conciencia cambia para siempre.

Tal vez necesitas una muchacha morena para salvarte la vida
¿Qué vas a decir?
No me salves la vida.

Sabemos que nos odias
Sabemos tu vida todos los días
Elevamos tus espíritus
Haciendo lo imposible cada día
Ese es el trabajo del amor
Riéndole en la cara del odio.

No hay amistad verdadera de ti
No hay compasión tampoco
Obligación, sí…
Culpa…sí…
¿¿Aprecio…??
Reconocimiento. ¿Bueno…?
¿Respeto…? Dado a los demás.

Death Will Not Betray You

Husband, brother, son
You will live proud and strong
As long as you remain you
As righteous and true
As you are reading these words
At this moment
These words capture your life
For a few precious minutes
You are mine
I have you
You have me in your spirit
Sons, lovers, brothers, strangers, friends
Don't hurt us
We live for you
We give you
Your legacy in blood
Death will not betray you
If you are kind
If you lift me up
I will lift you
Long after I am dead
Your legacy lives
In the life-giving force of love
Death will not betray You, my love
I will be here long after this life
The pain of this life
Only slows me down for the next one with you
My beloved one
I cannot stop the slings and arrows
Of earthly life
My love, I can make you stronger
To be strong enough to brush

Them away like summer flies or insects
Not worthy of your worry
Walk a day in the pain of Womanhood
I invite you for the next life
Be with me, my partner again

La muerte no te traiciona

Esposo, hermano, hijo
Que vivas orgulloso y fuerte
Tanto como sigas siendo tú mismo
Hijo verdadero y virtuoso eres
Tan honrado que eres
Leyendo estas palabras
En este momento.

Estas palabras capturan tu vida
Por unos minutos preciosos
Tú eres mío
Yo te tengo
Tú me tienes a mí en tu espíritu
Hijos, hermanos, amantes, extranjeros, amigos
Nosotros vivimos por ti
Les entregamos
Su legado en sangre.

La muerte no te traiciona
Si eres bondadoso
Si me regalas vida
Yo te alzo más al cielo
Mucho después de que yo muera
Vive tu legado
En la fuerza de la vida
Que te dejó.

La muerte no te traiciona, Mi Amor
Yo estaré aquí mucho después de esta vida
El dolor de esta vida
Solo me retrasa para la próxima vida
Contigo.

Mi Querido
Yo no puedo parar las humillaciones de la vida sobre la tierra
Mi Amor, te puedo hacer más fuerte
Para desquitarte de las pequeñas molestias como insectos ruidosos
Que no merecen tu atención
Ni nada mas de ti
Tiemblo de amor y anhelo por ti.

Camina un día con el dolor de ser mujer
Te invito a la próxima vida
Para que seas mi compañero otra vez.

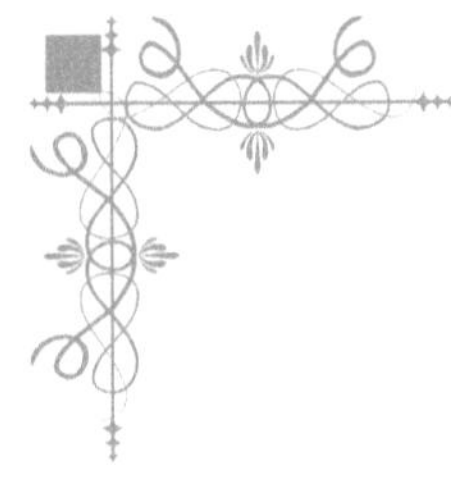

Section III

Sección III

From Pain to Peace

Del Dolor a la Paz

The Lock on the Rage Cage is Broken

Se quebró la llave de la jaula

I Am Free

Soy Libre

Grace

Gracefully gliding
Giddy like a child
The laughter of children

A mother giving birth
A veteran sacrificing his life

Self-sacrifice
Of the quiet Earth
The light shimmering
On a sunrise lake
Grace, she does not live in a place

Silent gratitude
Under fire
Is grace faith-based beyond reality?
Based in grace

Incandescent shimmering water
Moonlight Sonata
The favorite food made for you by your love
The cake your angel made you
Sunrise over the ocean

Lowly us
We get sparks of heaven
Pity us
Who throw away the gifts of grace?

Gratitude and harmony
A peaceful heart
Lilies and mums

A yellow rose in the snow
When you are rushing

Grace attempts to reach you
Appreciate your gifts before
They disappear

Once grace disappears
It is gone
The essence of life can disappear
This is the slow, steady
Process of self-extinction

Grace was as abundant once
As the flicker of life on Earth
Gratitude ushers in grace
Creating the space
For gratitude and grace

Gratitude, hope, and grace
Are good friends
One might come along
Get lonely and realize
Nothing feels right without
The Other

Gracia

Deslizamiento con gracia
Alegre como un niño
La risa de niños.

Una madre dando luz
Un veterano sacrificando su vida

Sacrificio propio
En esta silenciosa tierra
La luz brillante
Sobre un lago al amanecer
La gracia, no vive en un sitio.

Gratitud silenciosa
Bajo fuego
Será la gracia de fe más allá de la realidad
Basada en gracia.

Agua resplandeciente alumbrada
Toca *Moonlight Sonata*
La comida favorita hecha para ti por tu amor
El bizcocho que te hizo tu ángel
La salida del sol sobre el mar.

Pequeños humanos nosotros
Nos llegan las chispas del cielo
Tengan piedad sobre
Quienes botan los regalos de la gracia.

Gratitud y armonía
Un corazón de paz
Lilas y rosas
Una rosa amarilla en la nieve
Cuando estas apurado
La gracia intenta alcanzarte.

Aprecia tus regalos antes de que
Ellos desaparezcan.

Cuando desaparece la gracia
Ya se fue
La esencia de la vida puede desaparecer
Este es un proceso lento deliberado es
El proceso de auto extinción

La gracia era abundante en tiempos pasados
Como la llama donde la vida nace
La gracia viene por medio de la gratitud
Creando espacio
Para la gratitud y gracia.

Gratitud, Esperanza y Gracia
Son buenos amigos
Uno viene por allí
Se siente sola y se da cuenta
Que necesita sus compañeros
Nada queda bien sin el otro.

Until the Torch Is Lit

The flickering red-orange sparks
Of the vendors cooking
Roasted peanuts on 5th Ave
At Christmastime

The windows dressed up
In their holiday best
Rockefeller Center glitters
In sparkling colored jewels

A beacon of great green spruce
Pillar at our center
Proving NYC is more
Than life on a concrete slab

The vast technicolor spread
Of a blanket of treetops undulating
Bursting above
The New York State
Landscape of the fall
Worshipping the heavens
Where the highway horizon kisses
The sky

Leaves blowing
In many colors
Cultures and faces
Saluting the lives
Of loved ones lost

Sisters and brethren
Caring and dying

As the clusters of prickly proteins
Attacked from the inside,
Imploding cells

The summer, fall, or winter
Will never be the same
Something will always be missing
Until we see light again

When the summer breeze
Caresses my cheek
Will I feel it, see it, taste it?
The sun again?
I will be clutching your picture
In my waking
Sleeping
Eating
Walking numbness

Time will seem
Like a chain to this Earth
Until I see the light
In your eyes again

Forgive my weak flesh
For notwithstanding
The deprivation of your oxygen
I breathed as you breathed
A part of your last breath
Was my last one with you

With every sense of taste
Sight, sound, hearing
Touch, the sensation of your skin
Your half of me
Your part of my flesh
Is captured in my memory

Your body has a name
It's mine, it's ours
You belong to our family
Not honored in your moment
Of sudden passing
You will be honored always

You were never alone
You were never forgotten
The Empire State paused and pulsed
Into the endless starry skies
Red for your blood
As your Spirit was released
Into the myriad of stars
Of the infinite universe
You joined them with
Your light…
…Lady Liberty's illumination in the night
From NYC with Love
Your soul will say
Straight from El Barrio
Washington Heights, Jackson Heights, Elmhurst
Chelsea, Soho, Noho, the Village, the Lower East Side
Harlem, the Upper West Side, the Upper East Side
Uptown and Downtown

The races, faces, and places
We represent
Are alive
We honor You
Those of us left behind
While you represent NYC in Heaven

Part II

The Hamptons summer beaches
The thrill of rushing waters over Niagara Falls
The serenity of the Adirondacks
All the way back to Central Park
In the drenching quenching
Splashing sounds of summertime jazz
On the streets of Harlem

The banquets of food to be savored
Walking through the streets
Of Chinatown's Friday nights
Tempted by enticing delicacies
On every street

These are the gifts
New York offers all of us
The gift of life you gave
We can never return
In equal measure

We will honor your sacrifice
By guarding the gift
Of mercy and compassion
You gave your life to protect

We will take in
Your love and life
To create an eternal
Spring for your children

The rebirth,
Like Spring
Will be legend
The seeds of love and devotion
Will manifest next year

In the blooms
You helped protect

Mother, sister, father, brother
You were here
Now you are a missing
Part of me

As the human family heals
As we quietly sum up our lives
Allowed to live
In the end
The best part of you
Will live in the love
You left behind…
Just like your mercy
Compassion
Grace under pressure
Hope against all odds
Faith in each other
Life's blood
…All poured into the
Hearts allowed to beat the odds

Hasta que prenda la antorcha

Una llama roja temblorosa
De las carretas cocinando
Castañas en la 5º Avenida
Durante el tiempo de Navidad.

Las ventanas de las tiendas
Decorados a lo Navideño
En la Rockefeller Center.

Un faro de gran árbol verde
Un sostén para el
Corazón de la vida
Puesto sobre un sólido del concierto.

Los muchos colores
Alfombra de árboles
Estrellando sobre el Estado de Nueva York
El paisaje del otoño
Alabando a los cielos
En la vía del Taconic.

Hojas del árbol volando para adentro
Muchos colores, culturas y caras
Honrando las vidas
De los muertos.

Hermanos y hermanas
Queriendo y muriendo
Células espinosas en montones
Como pequeños equipos militares
Explotando y atacando por dentro.

El verano, el otoño o el invierno
Que nunca serán lo mismo
Algo siempre está faltando
Hasta que veamos la luz otra vez.

Cuando el viento de verano
Me acaricia el cachete
Sentiré otra vez, veré o probaré
El sol otra vez.

Yo estaré aguantando tu foto
En mi entumecimiento despierto
Entumecida dormida

Comiendo entumecida
Caminando entumecida.

El tiempo se siente como una
Cadena a la tierra
Hasta que
Vea la luz en tus ojos.

Perdona mi cuerpo débil
Aun así
Privándome de oxígeno
Yo respiraba cuando tu respirabas
Como parte de tu última
Era la última contigo.

Con cada sentido de probar
Mirar, sonido, y oír o
Tocar, se han cancelado ya
Tú mitad de mi
Tú eres parte de mi piel
Ahora tengo que imaginarte.

Tú tienes nombre
Es tuyo y es de nosotros
Tú no fuiste
Honrados en el momento
Y ahora tú serás
Honrados
Para siempre.

Tú nunca estuviste solo
Nunca te olvidamos
El edificio del *Empire State Building*
Esta pulsando en rojo
Rojo por tu sangre
En el cielo infinito

Cielos estrellados es donde
Se desata tu espíritu
En el cielo infinito
Y estrellas en el universo de cada noche
Con tu antorcha de la Estatua de la Libertad.

De Nueva York con amor
Tu alma va a decir
Desde el Barrio
Washington Heights, Grammercy Park,
Chelsea, Soho, Noho, the Village, the Lower East Side
Harlem, the Upper West Side,
En los barrios de *Uptown* y *Downtown.*

Las razas, caras, y lugares
Que representamos
Todos vivos
Te honramos a ti
Aquellos que dejamos atrás
Mientras tú nos representas en el cielo.

Parte II

Los *Hamptons* en los veranos
El corrido del agua en Niagara Falls
La serenidad de las montañas de los *Adirondacks*
Los sonidos intoxicantes
Del jazz tocando en las calles de *Harlem*
Los banquetes de platos saboreados
Caminando por las calles
Del *Chinatown* durante el viernes de noche
Después de un día largo de trabajo.

Estos son los regalos
Que Nueva York nos ofrece a todos
Un regalo de vida que tu sacrificaste

No te lo podemos devolver
Lo que te mereces.

Honramos tu sacrificio
Guardando el
Regalo de merced y compasión
Que tu sacrificaste para proteger.

Nosotros beneficiamos
Tu amor y vida
Para creer una
Primavera para sus hijos.

El renacimiento, la primavera
Sera leyenda
Las semillas de amor y devoción
Sera cosecha el próximo año
En las flores
Que tú me ayudaste a proteger.

Madre, hermana, padre y hermano
Tu estabas aquí
Ahora estas faltando
Como parte de mí.

En cuanto sana la familia humana
Mientras estamos sumando nuestras vidas
Permitidos a vivir
Al final
La mejor parte de ti
Vivirá
En el amor
Como tu merced
Compasión
Gracia bajo presión.

Ode to the Jaguar

The Jaguar—The jaguar to the Mayans, was a powerful symbol of ferocity, strength and valor. Since the big cats can see well at night, it symbolizes perception and foresight. As a god of the Mayan underworld, the jaguar ruled the celestial forces of night and day.

—History on the Net, "Mayan Symbols"

Your perception protects
The sacred
Men cannot see
The eternal with their eyes
The sacred is not for the eyes
Sacred is to be seen by the heart

Royal, regal Jaguar
Purrs perfection
Under the cover of the jungle
Joyously and gently
Jumping and jaunting

Furtive Feline
Frequently feeds fires of passion
Fast causing fear
Flash behind a flower

Hunted Jaguar
Fiercely pursued predator hunted
Hunting for food and protection
While guarding the Maya

Protection never so captivating
Or beautiful
As you capture
Human eyes

Oda al Jaguar

Tu percepción
Lo sagrado
Los hombres no pueden ver
Lo eterno no es para los ojos
Lo sagrado se ve con el corazón.

Real, Regio, Jaguar
Purrs, Perfección
Debajo de la cubertura
De la jungla
Jubiloso y cuidadoso
Brincando y pisando levemente.

Felino furtivo
Frecuentemente alimentando
Las llamas de pasión
Causando miedo a menudo
Un rayo instantáneo detrás de una flor.

Persiguiendo Jaguar
Ferozmente perseguido por voraces cazadores
Cazado para comida y protección
Mientras aguardaba el Maya
Protección nunca ha sido tan cautivadora.

¡Oh bello!
Que te captura
Los ojos humanos.

Fleeting Forever Moments

Captured in a bottle
On the shore of Miami Beach
Forever friends stood
Flying back and forth in time

There will never be enough words
Forty years of hellos and goodbyes
Your smile is the same
As the one on the sparkling eleven year old
I once knew before you moved south

Forty years of time, marriages, and deaths
Disappeared into lives led separately

Our lost innocence
Reappeared the minute we reunited
I was twelve years old again
Carefree and whole again
I laughed so deeply
From a place long buried

We shone our smiles
At each other on the shore
Like sea spray
Refreshing our veteran souls
Awakening from slumber
Soul sisters activated

Wisdom and loss have taught me
To never let you step
Out of my life again

I never found another you
Sister, history is long
Forgetting turned out
To be never
Or feeling like forever
Forgetting mixed with regret
I could not forget you
As long as I live
Our souls will get strength from one another
This may not have been our souls' first journey
Through soldiered lives

Our jigsaw pieces
Fit with all of our twists and turns
Lumps and bumps
Wrinkles and wisdom

Your children will always be loved in my home
For them my name will be Aunt

My friend, your beauties will be my beauties
My beauties will be your beauties

We will shine like the diamonds we were born to be

Momentos ligeros para siempre

Capturado en un momento
En las playas de Miami
Para siempre amigas se pararon
Volando de aquí para elle en tiempo.

Nunca habrá suficientes
Cuarenta años de holas y adioses
Tus sonrisas son las mismas

Como la que aparecía en la casa de
La niña de 11 años
Como la que conocía hace antes.

Inocencia perdida
La esencia de la vida
Vivida bien a los 12 años
40 años de tiempo, bodas y muertes
Desaparecidos en vidas vividas.

El minuto que nos vimos
Era una niña de 12 años otra vez
Inocentes y completos
Yo me reí de un sitio
Profundamente enterrado
Dentro de mí.

Nuestras sonrisas brillaban
Unas a las otras en la playa
Como el espray del mar
Refrescando nuestras almas veteranas
Despertando de un largo sueño.

Hermanas del alma activadas
Nunca te dejaré otra vez
Jamás
La sabiduría y la perdida me enseño
A no dejarte salir de mi vida jamás.

Nunca encontró otra
Hermanas, la historia es larga
Olvidarse nunca
O sintiendo que olvidar con arrepentimiento
No pude olvidarme de ti
Por el resto de mi vida
Nuestras almas toman fuerza entre nosotros

Esta no será el primer viaje
De nuestras almas en la tierra
Como vidas soldadas.

Estos pedazos de rompecabezas
Quede bien con todos los
Altos y bajos
Arrugas y sabiduría.

Tus hijos siempre serán queridos en mi hogar
Ellos me llamaran Titi
Mi amiga, tus bellezas, serán mis bellezas
Mis bellezas serán tus bellezas
Brillaremos como diamantes
Que nacimos para ser.

The Shining Magic of Life

It consumes your senses
Reality evaporates effortlessly
As if conjured by your own eyes
Fireflies spark a speckled glint
A flash of silver magic

The heavens allow only fleeting
Glimpses of unearned grace
But you see with your soul eyes
When you see it, feel it in your cells

The birth of a baby
One more hope for the world
Every bundle brings with it
Grace, ecstasy, and light

Whole body and soul happiness
Love fulfilled
Sons and daughters
Exponential happiness factors

La magia brillante de la vida

Te consume los sentidos
La realidad evapora sin sentido
Como creando por tus propios ojos
Insectos brillantes tiran una luz
Un rayito de luz platino mágico.

Los cielos permiten solo ligeros
Miradas de gracia no merecida
Pero tú lo vez con los ojos de tu alma
Cuando lo miras lo sientes en tus células.

El nacimiento de un bebé
El crecimiento de otro
Esperanza para el mundo
Cada cuerpecito trae en sí
La gracia, el éxtasis y la esperanza.

De todo el cuerpo y
Felicidad en el alma
El amor lleno
Hijos e hijas
Factores exponentes de Felicidad.

Love Is Everywhere

Love speaks and says
I am everywhere
I am everything
I will fill you

Look for me
In the eyes of children
Your kindness
The needy
Those who love you back
Your mother
Your father
Love says
Look for me in the world
Find me
In random acts of kindness
Find me
In peaceful, loving moments
Life is born out of love
With an infant's first breath
Love exhales itself into the world
Love is all around us
If we open our hearts
She will enter
The open door to your heart

If you lock the door
Love can't unlock it
Without the key

Leave the door open for love
Life is better with love

Love lives in grace
In gratitude
In peace
In harmony
In us
Always for you
For us
Seek love and she will find you
Love speaks to you
To us all

El amor está en todos sitios

El amor habla y dice
Yo estoy en todo
Yo soy todo
Yo te llenaré
Búscame en
Los ojos de los niños
En tus amados
Los ojos de los pobres
Esas personas que te aman,
En tu madre,
En tu padre.

El amor dice
Búscame en el mundo
Encuéntreme en los actos de bondad
Encuéntreme en momentos de paz y amor.

La vida es nacida del amor
Del primer aliento del bebe
El amor sale y se exhala al mundo
El amor esta alrededor de todos nosotros

Si abrimos el corazón
Ella entra
En la puerta abierta
De tu corazón.

Si quitas la llave a la puerta
El amor no le puede quitar llave sin ti.

Deja la puerta abierta para el amor
La vida es mejor con amor
El amor vive en gracia
En gratitud
En armonía
En nosotros
Siempre para ti
Para nosotros
Busca el amor y ella te encontrará
El amor le habla
A todos nosotros.

Love Like Air

Love lights upon us
Like air
Like a feather
Or a butterfly's wing
Filling us with Beauty

Exquisite beauty of love
Angelic wings embrace
Making senses tingle
Head to toe

Butterfly kisses on my cheek
Barely there
Wisps of a wing
Barely brushed cheek
Light as air

El amor como aire

El amor se siente como un toque
Como el aire
Como una pluma o
El ala de mariposa
Llenándonos con belleza
Belleza exquisita del amor
Un abrazo de los ángeles
Dando escalofríos en los sentidos
De cabeza a pie.

Besos de mariposa en la mejilla
Casi no se siente
Mechones de alitas
Casi sin tocar
Ingrávido como el aire.

Freedom

by Paloma Kritas

The beating of monarchs in flight,
Fluttering, flapping, lifting,
Appears almost like rain,
Each fragile, strong wing
Bearing its own weight.

The air swirls around
The desperate insects
Pushing with all their migratory might.
The air speaks
To the butterflies:
Bring me back to life
With your burst of energy,
The burst of butterfly wings,
All uniform chaos,
All motion
In an orange and black funnel
Of moving parts,
Contained wings beating
Against each other.

The sound is like rain on the Sierra Madre,
Wings bouncing like raindrops,
Blades of wings and rain falling
In a magnificent lifting
And falling sound,
Orchestrated by the swaying trees

To the South,
Mexico speaks of freedom.

Rising and falling, all alive,
Life itself,
The dots move up and down,
Tiny little lively bodies,
Stripes, specks, and eyes,
Moving, flying, batting,
A living cornucopia
Of freedom and flight.

The light in between the wings
Creeps and seeps through,
Spontaneously flash-mobbing human eyes;
Pity the overwhelmed humans.

Seeking its origin,
Life bursts into itself,
Sierra Madre,
Si, era Madre,

My Mother,

Freedom.

La Libertad

Escrito por Paloma Kritas

El aleteo de las alas de la mariposa monarca
 En su vuelo
Flotando, palpitando, levantándose
Aparece y suena casi como la lluvia
Cada fragil, fuerte alita
Aguantando su propio peso

Mientras se arremolina en el aire
El insecto desesperado
Empujando con todo su poder migratorio
El aire le habla
A las mariposas
Regenera mi vida
Con tu estallido de vida
El estallido de alas monarcas
Un caos uniforme
Todo movimiento
En un embudo de colores anaranjados y negros
Consistiendo de un conjunto de pedazos móviles
Alitas pegando unas contra otras
Una contra el otro

El sonido es como la lluvia sobre la Sierra Madre
Alas dando como el sonido de gotas de lluvia cayendo
Hojas de alas y alas cayendo
En el levantamiento magnífico
Alas cayendo igualmente a la misma vez
Desatando el sonido arboral
De la orquesta saliendo de los árboles
Murmurando con el viento

Al sur del norte
Méjico habla de la libertad
Alzándose y cayendo, todo vivo
Como la vida misma
Los puntos elevando y bajando
Como pequeños cuerpecitos
Rayas, motas, y ojos
Volando, en movimiento,parpadeando

La abundancia de vida
Demostrando
La libertad que existe en el vuelo

La luz que brilla entre las alas
Grima y se filtra
Entrando a los ojos humanos
Como quetes vibrando
¡Qué pena nos dan los humanos!
Dicen las criaturas
No pueden con sus vidas ni tampoco volar

Buscando sus orígenes
La vida estalla entre sí misma

Sierra Madre
Si Era Madre!
Si, era Madre

Mi Madre

La Libertad

Epilogue

Upon reading my poetry, my family will now understand the consequences and punishments I endured to achieve the level of security I maintain in my life. I learned from suffering through real experiences that the challenges you face give you the strength and courage to protect yourself when life conspires to rip away your most secure possessions. In my case, most of my traumatic experiences occurred in two periods: early in life, before the age of twenty, and during midlife, between forty to forty-eight years of age.

In a space of five months in 2012, I lost my job of ten years, my pension, my car, and my house. Three days before Hurricane Sandy, I had a near-fatal car crash with my children on the way to school, hit by a car running a red light. Fifteen days before the hurricane, on October 29, 2012, my husband suffered a torn ACL during a soccer game accident. The hurricane finished washing away what was left of my life. It took four long years of moving between relatives and apartments to rebuild our house. We were one of the lucky families who were able to reconstruct and move back to our home. Through all of these experiences, we were raising our two young children who were displaced for four years. Yet we found strength as a family to stay strong enough to get back to our home. This project started out as an autobiographical account, but it was a shock to my system. I began experiencing nightly post-traumatic stress (PTSD) insomnia and nightmares. I could not go back to those places of childhood and adolescent trauma on a consistent basis even twenty years later. There was no way to go but up and forward. These experiences are expressed in section 2, starting with "I Speak the Language of Sorrow and Pain" and ending this chapter with "Death Will Not Betray You," speaking directly to mankind as the embers of my inner fires burned to ash. Poetry allowed me to safely access my past feelings and memories through writing instead of verbalizing the events, thus alleviating the psychological burden of re-traumatization.

The experiences I describe did not stop me from attending some of the most prestigious academic institutions on the East Coast. I am a graduate of Stuyvesant High School in New York City and then attended the State University of New York at Binghamton. As I had not clearly decided my career path, I found myself being hired as a substance abuse counselor in Harlem during a drug epidemic affecting the inner cities across the country in the early and mid-1990s. I bore witness to the recovery of so many struggling good men and women who had hit life-changing stumbling blocks in their lives. I was privileged to learn from the recovery process of the African American clients who received services at the agency.

Once I completed two years as a substance abuse counselor, I applied and earned a master's in education from Harvard University's School of Education and then moved back to New York City for employment. While at Harvard, I met my husband of twenty-three years as a fellow educator. He remains my biggest fan and supporter, encouraging me through the obstacles of this current work to completion. I finalized my formal education at the Columbia University School of Social Work with a master of social work in generalist clinical practice. Since 1997, I have been a social worker with adults, children, and families as a mental health professional and have a small private practice. As a bilingual worker, I have also worked with Spanish-speaking patients who must process traumatic circumstances affecting their lives as first-generation Latinx immigrants in the US. Several of my poems reflect the experiences and feelings of the immigrant traveler in this country. I hope my poetry engages and sensitizes readers of all ages about the traumas affecting immigrant women and children of all backgrounds in this country today, during this increasingly repressive era.

Epilogo

Espero que ustedes hayan disfrutado del paseo conmigo del pasado al presente. Al concluir este pequeño libro de poesía, mi familia entenderá los eventos formativos de mi vida y lo que he pasado en los Estado Unidos para mantener el nivel de seguridad que tengo en mi vida ahora. Como indiqué en el prefacio, aprendí lecciones maduras a joven edad. Aprendí que sufrir después de experiencias traumáticas a temprana edad te madura muy rápido y te obliga a ser fuerte para los demás en dados momentos. La vida te puede quitar todo, pero también te puede enseñar a ser el más valiente para regresar como una persona completa a tus seres queridos. En mi caso, mis experiencias sucedieron durante dos épocas, entre los cinco años hasta los veinte años y entre los cuarenta a los cuarenta y ocho años.

En cinco meses en 2012, perdí mi trabajo, mi pensión, mi carro, y mi casa. Tres días antes del huracán Sandy tuve un accidente casi fatal en vía a la escuela de mis hijos cuando el otro conductor se pasó de una luz roja. En ese mismo fin de semana, cambio para siempre mi vida. Quince días antes del huracán mi esposo tuvo un accidente durante un juego de futbol, se le daño seriamente la pierna. Estuvimos en una situación muy traumante para nuestra familia. Después de cuatro años de desplazamiento, logramos reconstruir la casa. En ese tiempo tuvimos que movernos varias veces y también estábamos criando a nuestros dos hijos pequeños. Nosotros fuimos unas de las familias afortunadas porque trabajamos con los medios gubernamentales que ofrecieron ayuda para las familias desplazados por el huracán. Esta escritura comenzó como un trabajo autobiográfico, pero me causó demasiados síntomas del síndrome de estrés postraumático y tuve que cambiar de plataforma literaria aun veinte años después de los eventos cuando comencé esta escritura. Estas experiencias se reflejan en *Hablo el Lenguaje del Dolor* y Sufrimiento continuo con *La Muerta no Te Traiciona* hablando directamente a la humanidad demostrando cómo los fuegos de mi ira se volvieron en cenizas. La poesía me permitió el vehículo perfecto para tocar los temas de mi pasado y no traumatizarme de nuevo mientras regresaba al pasado.

Las experiencias que describo no me pararon de poder desarrollarme académicamente y mantener buenas notas en instituciones académicas de alto prestigio. Soy graduada de Stuyvesant High School en Nueva York. De allí fue aceptada con beca a State University of New York en Binghamton donde recibí mi primer título. Trabajé en consejería en Harlem, N. Y., de allí fui a Harvard University School of Educación con mi segundo título, y finalmente ingresé a Columbia University School of Social Work con mi tercer título en trabajo social. Durante mi tiempo como consejera de rehabilitación, fui testigo a tanto dolor y sufrimiento de buenas personas que por razones económicas cayeron víctimas de las circunstancias y del racismo estructural. Fui privilegiada y bendecida en aprender y asimilar mis experiencias después de trabajar con la comunidad Afroamericana.

En cuanto terminé mis dos años de ser consejera de rehabilitación, apliqué a Harvard al programa de educación y conocí a mi esposo. Hemos estado casados más de veinte años y me ayuda enormemente como educador y editor. Mejor compañero de por vida no se puede esperar de la vida. Como trabajadora bilingüe también trabajo con personas hispanoparlantes mayormente y le tengo que dar las gracias a mi mama por mantener el español en la casa como una religión. La comunidad hispanoparlante también necesita procesar y sanar de experiencias traumantes sucedidas en las vidas de muchos inmigrantes hoy por el mismo racismo estructural que ocurre y que afecta pueblos vulnerables. El año 2020 ha sido un año históricamente muy turbulento y fatal para estas dos comunidades. Caminando con mi gente y mis pacientes me ha dejado marcado para siempre, con más cicatrices que solo se ven con los ojos del alma.

About the Author

In writing *Raging Against Cages: From Pain to Peace*, Paloma Kritas engages in a psychological reckoning with herself. Learning from emotionally traumatic experiences, the author conveys an essential truth: that even when life rips away our most valued possessions and all seems hopeless, in facing challenges, we gain the requisite strength to rebuild ourselves in such a manner that we are better off than we were before. Paloma Kritas's specific challenges occurred in two time periods: early in her life, before the age of twenty, and during her midlife, between forty to forty-eight years of age.

In a space of five months in 2012, the author lost her tenured school position of ten years, pension, car, and house. Three days before Hurricane Sandy, she had a near-fatal car crash with her children on the way to school, being laterally hit by a large SUV running a red light. Fifteen days before Hurricane Sandy on October 29, 2012, her husband suffered a torn knee ligament during a soccer game accident. The hurricane finished washing away what was left of her life. It took four long years of moving between relatives' and others' homes before her house was rebuilt. Her family was lucky enough to reconstruct and move back to their home. Throughout this period, the author raised two young children who were displaced for four years. Yet they found strength as a family to stay strong enough to get back to their home as a family.

As a person of Salvadoran and Colombian descent and as a US citizen, Paloma Kritas is aware of the crucial nexus of race, gender, and politics. Understanding the pain and punishment visited on Latin American countries struggling to break free of US influence,

Paloma Kritas has been drawn to the histories and mysteries of El Salvador and Colombia. These cultural histories are referenced in Paloma Kritas' poems, her family having to flee El Salvador at the start of the civil war after relocating from America to be closer to extended family. Being a victim-survivor of these histories in the psychological sense, she struggled and suffered the same fate as she healed from her own wounds caused by trauma. As a veteran child and family therapist, she treated patients through Hurricane Sandy, 9/11, racial injustices, grief, loss and trauma, economic hardship, and psychiatric disabilities. Her life passion, whether it be as a therapist or poet, is to give hope to women and children stuck in real or psychological cages who cannot see beyond the now of their existence. As you read this work, hear the Latinx voice and spirit take shape and meaning as it is freed from its cage, rattling the bars in its wake. Paloma Kritas knows that if one of us can escape, all of us can escape.

The experiences described did not stop her from attending some of the most prestigious academic institutions on the East Coast. As a graduate of Stuyvesant High School in New York City and then attending the State University of New York at Binghamton, Paloma Kritas was sponsored, in large part, by affirmative action programs. Her mother provided her only family financial support. Even while enduring domestic abuse at home, her mother helped Paloma Kritas get an education. Her mother, having graduated cum laude from high school in El Salvador, passed on a reverence for education to her daughter. The investment through affirmative action in her education became an investment in the future. Now Paloma Kritas can pass this experiential knowledge to future generations of her own family and immigrant Latino families experiencing great hardship.

Once she completed her two years as a substance abuse counselor, Paloma Kritas applied and earned a master's degree in education from Harvard University's School of Education and then moved back to New York City for employment. She finalized her formal education at the Columbia University School of Social Work with a master's of social work in generalist clinical practice. This is her first work of poetry.